	経理方法		手続規定	重複規定排除	
	法法42①	法令80	法法42③④		
	法法42②				
	法法45①	法令83	法法45③④		対象事業：法法45①, 法令83の2
	法法45②				
	法法46①		法法46②③		適用対象非出資組合：法法46①, 別表第三
93	法法47①, 法令86		法法47③④		保険金の範囲：法令84
93	法法47②, 法令86				
	法法50①, 法令92 法基通10-6-10		法法50③④		遊休資産OK
	措法61の3①		措法61の3②③, 措規21の18の3②	措法61の3④	（注）措法61の2も参照
	措法64①		措法64④⑤	措法64⑥	【定義】補償金等：措法64③, 収用等：措法64条①各号, 同64②各号, 土地収用法等の定義：措法33①一, 措令22①
	措法65①		措法65④ （措法64④⑤）	措法65⑩（措法64⑥）, 65の2	換地処分等の範囲：措法65①各号
					措法64, 64の2の読み替え規定
	措法65の7①		措法65の7⑤⑥, 措規22の7, 措通65の7 (4)-8	措法65の7⑦・⑮-イ, 措通65の7 (1)-29注, (3)-11・12	対象資産の詳細は、各論11～21に記載
				措令39の7㊻, 措通65の7 (1)-3	詳細は、措法65の7条に準用される。
	措法65の10①		措法65の10③（注）, 措規22の8①	措法65の10①各号	（注）措法65の7⑤⑥準用
	措法65の11①		措法65の11③（注）, 措規22の9①	措法65の11⑧⑨, 措令39の9①②, 措通65の11-5	（注）措法65の7⑤⑥準用
	措法66①		措法66③（注）, 措規22の9の2②	措法66①, 措令39の10①, 措通66-5	（注）措法65の7⑤⑥準用
	措法66の2①		措法66の2①②③, 措規22の9の3①	措法66の2⑤⑭二, 措令39の10の2⑥, 措通66の2(1)-8, 措通66の2(2)-4	
	措法66の10①		措法66の10②		研究用資産の範囲の一部（法令13二～七）
27	措法67の4①		措法67の4⑮⑯, 措規22の17②		
の	措法67の4②			措法67の4⑫	

中小企業の税務における

「圧縮記帳」適用要件ガイド

著 大熊一弘

はしがき

　圧縮記帳の計算自体は比較的シンプルですが，実際に規定が適用できるかどうかはオール・オア・ナッシングです。したがって，適用の可否判断の見極めは細心の注意が必要となるでしょう。もし，判断が遅れ申告時期ギリギリになったり，適用した規定が税務調査等で否認されたりとなると，その圧縮記帳の既定の適用を当て込んだ設備投資計画等が，予想を超える税負担に大きく狂わされる恐れがあります。

　適用可否の見極めには，実際の事案の適用規定への当てはめ，適用税法の法令の確認，さらに，各関連法の確認も欠かすことができません。例えば，特定資産の買換え圧縮記帳の規定（措法65の7）の適用を受けようとする場合には，規定の該当地域であるかどうかは，都市計画法等の規定に基づく確認も必要となるでしょう。国庫補助金等で取得した固定資産等の圧縮記帳の規定（法法42）の適用を受けようとする場合，収受した補助金の適用を受けられるかどうかは，補助金等の交付の根拠となる法令の確認が必要になるなどがその例です。

　本書執筆のきっかけは，仕事で措置法の損金算入規定（特別償却や圧縮記帳等）を読み解く必要に迫られたときに，法規集を広げる傍らにおいていたメモ帳の存在でした。
　その際，規定の確認にあたっては，下記の3つのプロセスを踏んでいます。
　第一段階：当てはまる規定の抽出し，全体を見渡しながら条文を読み下し，適用関係を確認
　第二段階：各規定の概要把握のために，カッコ書きや，参照条文をとばして読み通す
　第三段階：細かなカッコ書き，参照条文を一つ一つ注意深く確認
　ときには，第三段階の途中で，第一段階や第二段階に戻りながら，ポイントとなるところを一つ一つメモを取り，見落としのないよう注意深く調べていきました。
　しかし，様々な条文を次々と参照していくなかで，いつの間にか情報の多さに流され，全体からどうやって個々の論点を絞り込んでいくのかわからなくなり，いわ

ば条文の狭間で迷子になりそうになりました。そのとき，第一段階から適宜ポイントを記した傍らのメモ帳が，私に俯瞰的な視点を取り戻させ，総体的な観点から各論を見つめ直す働きを担ってくれました。

俯瞰的・総体的な視座から各論を見るというメモの役割を整理・拡充したのが本書であるともいえます。

したがって，本書の構成は下記のようになっています。
① 前見返しの『法令・通達一覧表』＝第1段階時のメモ（圧縮記帳の俯瞰）
② 『本文』＝第2段階時のメモ（最低限の確認事項をおおまかに掴む）
③ 『本文の欄外』＝第3段階時のメモ（適用の可否判定を細かく詰める）
　　（③は，言い換えれば，全体を読み進めるためにいったん横に置いておきたいものを，まさに横（本文の欄外）に置きました。

圧縮記帳の規定の適用は，是か非かの二つだけですので，丹念に条文をあたることが必須です。条文を深く読み込んで適用の可否判断をする際に，手許に置いて逐一横目で確認できるよう，内容は可能な限り簡潔にすることを心掛けました。

読者諸兄が当然ご承知かと思われそうなものも，条文検索時の備忘注意喚起として，細かく記載しています。なかには繰り返し記載されているものもありますが，これは他の章を参照しないで一つの章で各論のみを読んでも完結できるようにするためです。

実際の業務にあたっては，本書に記載した以外にも，さらに法令の細かな事項，通達，また，過去の事例等も参考になされることでしょう。その折に，辞書感覚で気になるところのみを参照するにも，巻頭から流し読みするにも，読者諸兄の傍らで使って頂ければ本書の使命も果たせたのではと愚考するところです。

なお，本書の解説は平成26年4月1日現在の法令，通達に基づいて作成しております。

平成26年6月20日
大熊　一弘

目次
CONTENTS

はじめに

▶ 本書の使い方

制度の概要 … 1

圧縮記帳の基本 … 2
- 01 趣　旨 … 2
- 02 適用対象資産 … 3
- 03 組織再編 … 3
- 04 申告要件 … 5
- 05 清算中の事業年度 … 6
- 06 特別償却と圧縮記帳の重複適用 … 6
- 07 グループ内の法人間の資産の譲渡取引等に係る圧縮記帳 … 7
- 08 経理方法 … 8
- 09 特例の選択に係る有利不利判定 … 11

規定別適用判断ポイント … 13

1 国庫補助金等で取得した固定資産等の圧縮額の損金算入 … 14
　法法42, 43, 44

2 工事負担金で取得した固定資産等の圧縮額の損金算入 … 20
　法法45

3 非出資組合が賦課金で取得した固定資産等の圧縮額の損金算入 … 25
　法法46

4 保険金等で取得した固定資産等の圧縮額の損金算入 … 30
　法法47, 48, 49

5 交換により取得した資産の圧縮額の損金算入 … 39
　法法50

| 6 | 農用地等を取得した場合の課税の特例 | 46 |

　　措法61の3, 61の2

| 7 | 収用等に伴い代替資産を取得した場合 | 51 |

　　措法64, 64の2

| 8 | 換地処分等に伴い資産を取得した場合 | 67 |

　　措法65（第3項を除く）

| 9 | 換地処分等に伴い交換取得資産とともに補償金等で資産を取得した場合（収用等に伴い代替資産を取得した場合（準用）） | 75 |

　　措法65③, 64, 64の2

| 10 | 特定の資産の買換えの場合の課税の特例 |総論| | 77 |

　　措法65の7, 65の8

| 11 | 特定の資産の買換えの場合の課税の特例 |各論| | 91 |
～①既成市街地等外への買換え（1号買換え）

　　措法65の7①一

| 12 | 特定の資産の買換えの場合の課税の特例 |各論| | 96 |
～②市街化区域等外への農業用資産の買換え（2号買換え）

　　措法65の7①二

| 13 | 特定の資産の買換えの場合の課税の特例 |各論| | 98 |
～③航空騒音障害区域外への買換え（3号買換え）

　　措法65の7①三

| 14 | 特定の資産の買換えの場合の課税の特例 |各論| | 100 |
～④過疎地域内への買換え（4号買換え）

　　措法65の7①四

| 15 | 特定の資産の買換えの場合の課税の特例 |各論| | 103 |
～⑤都市機能誘導区域内への買換え（5号買換え）

　　措法65の7①五

| 16 | 特定の資産の買換えの場合の課税の特例 |各論| | 104 |
～⑥市街地再開発事業のための買換え（6号買換え）

　　措法65の7①六

| 17 | 特定の資産の買換えの場合の課税の特例 |各論| | 106 |
～⑦農地等の買換え（7号買換え）

　　措法65の7①七

目次

18 特定の資産の買換えの場合の課税の特例 各論 ……………… 108
　〜⑧危険密集市街地内の買換え（8号買換え）
　　措法65の7①八

19 特定の資産の買換えの場合の課税の特例 各論 ……………… 110
　〜⑩船舶の買換え（10号買換え）
　　措法65の7①十

20 特定の資産の買換えの場合の課税の特例 各論 ……………… 112
　〜東日本大震災に係る特定の資産の買換え
　　震災特例法19〜21

21 特定の資産の買換えの場合の課税の特例 各論 ……………… 115
　〜特定の資産の交換
　　措法65の9

22 特定の交換分合により土地等を取得した場合の課税の特例 ……… 117
　　措法65の10

23 大規模な住宅地等造成事業の施行区域内にある土地等の造成のための
　交換等の場合の課税の特例 …………………………………………… 123
　　措法65の11, 65の12

24 特定普通財産とその隣接する土地等の交換の場合の課税の特例 …… 132
　　措法66

25 平成21年及び平成22年に土地等の先行取得をした場合の課税の特例
　　措法66の2
　　　　　　　　　　　　　　　　　　　　　　　　　　　　　　 137

26 技術研究組合の所得の計算の特例 ……………………………… 144
　　措法66の10

27 転廃業助成金等に係る課税の特例
　〜①減価補てん金の交付を受けた場合 ……………………………… 148
　　措法67の4①

28 転廃業助成金等に係る課税の特例
　〜②交付された助成金をもって固定資産を取得した場合 ………… 152
　　措法67の4②

5

本書の使い方

タイトル：規定の名称を示しています。

概要：規定の概要を示しています。

対象法人：この欄は，租税特別措置法の規定にはなく，法人税法の規定に設けられており，規定の対象となる法人の条件を示しています。範囲が特定された『法人』対象となる『事業』等を11の適用範囲等あるいは，用語の定義で詳しく解説しています。

適用要件等：規定の柱となる要件を箇条書きにして示しています。
個々の規定の条文を見ると，かっこ書きの記載等のさらに詳しい情報があります。

関連条文：規定の核となる法人税法，租税特別措置法の条文番号を記載しています。

[関連条文] 法法42, 43, 44

1 国庫補助金等で取得した固定資産等の圧縮額の損金算入

01 概要

固定資産の取得又は改良のために所定の機関より補助金等の交付を受け，その補助金等をもってその目的に適合した固定資産を取得又は改良した場合に認められる圧縮記帳の規定である。補助金等の交付に代えて固定資産の交付を受けた場合も対象となる。

02 対象法人
（法法42①, 43②）

内国法人（清算中の法人を除く）

03 適用要件等

1 補助金交付型（法法42①）

① 国庫補助金等の交付を受けたこと
② 交付の目的が固定資産の取得又は改良に充てるための補助金であること
③ その交付の目的に適合した固定資産の取得又は改良をしたこと
④ その固定資産につき圧縮記帳経理したこと

2 固定資産交付型（法法42②）

① 国庫補助金等の交付に代えて固定資産の交付を受けたこと

「国庫補助金等の範囲」は「11 適用範囲等」参照

1 国庫補助金等で取得した固定資産等の圧縮額の損金算入

② その固定資産につき圧縮記帳経理したこと

04 対象資産の範囲等 (法法42①②)
① 補助金等で取得又は改良した固定資産
② 補助金等に代えて交付を受けた固定資産

05 圧縮限度額

1 補助金交付型 (法法42①)
　固定資産の取得又は改良に充てた補助金等の額に相当する金額。

2 固定資産交付型 (法法42②)
　交付を受けた固定資産の価額に相当する金額。

3 備忘価額 (法令93)
　1, **2** とも圧縮記帳後に1円未満の帳簿価額となる場合は、1円以上の備忘価額を付す。

06 経理方法 (法法42①②, 法令80)
　直接減額方式
　確定決算での積立金方式
　決算期までの剰余金処分積立方式

07 交付年度後の圧縮記帳 (法法43, 44)
　交付を受けた補助金等が期末までに返還不要であることが、確定しない場合は、そのまま圧縮記帳は認められ

対象資産：圧縮記帳の適用対象となる資産を示しています。譲渡資産と買換資産，代替資産等に区分して解説している規定もあります。また，譲渡資産の譲渡の範囲，買換資産，代替資産等の取得の範囲あるいは交換の範囲についても，この欄で説明しています。
　なお，『特定資産の買換えの特例（措法65の7）の対象資産等の範囲は個別の各論として章立てし，解説しています（**11**～**21**）。

圧縮限度額：圧縮限度額の計算方法を示しています。

経理方法：圧縮記帳で採用できる経理方法を掲げています。経理方法自体の解説は，総論にて行っています。

特別勘定：タイトルは，『交付年度後の圧縮記帳』となっていますが，特別勘定の規定について記載しています。特別勘定は認められていないものの仮勘定処理による同様の効果が認められているものもあります。総論で特別勘定について総体的に解説をしていますので，各論となるここでは最小限の解説に留めています。

先行取得資産：圧縮記帳のきっかけとなる保有資産の譲渡，買い取り又は，補助金，保険金等の交付を受けるよりも先に，圧縮記帳の対象資産を取得した場合の取扱いについて記載しています。総論で述べるものと重複しますのでここでは取扱い自体があることが一目で確認できることを一義にし，解説文は簡潔にすることを心掛け記載しています。

---

07 交付年度後の圧縮記帳
(法基通10-3-3)

工事負担金の交付年度に固定資産を取得できなかった場合にも，交付年度においての仮勘定経理とその後の年度の圧縮記帳が認められている。

1 交付年度の仮勘定経理

受益者から金銭又は資材の提供を受けた事業年度終了の日までに，その施設を構成する固定資産を取得することができなかったとき。

→交付を受けた金銭又は資材の価額に相当する金額を仮勘定として経理する。

2 固定資産を取得した事業年度

① 仮勘定を取り崩して益金の額に算入する
② 固定資産について圧縮記帳をすることができる

08 先行取得資産の圧縮記帳
(法基通10-3-2)

法人が工事負担金の交付を受けた日の属する事業年度前の事業年度においてその交付の目的に適合する固定資産を取得している場合には，その交付を受けた事業年度においてその固定資産につき圧縮記帳の規定を適用することができる。

【限度額】

$$工事負担金の交付を受けた時の固定資産の帳簿価額 \times \frac{交付を受けた工事負担金の額（分母限度）}{固定資産の取得価額}$$

組織再編：組織再編とタイトルを付けていますが，組織再編のうち適格分割等があった場合の期中損金経理による圧縮記帳の取扱いを記載しています。総論で細かく解説していますので，ここでは，最低限の記述に留めています。

手続規定：申告書の記載要件，添付書類要件等の圧縮記帳の適用を受けるための手続規定を記載しています。圧縮記帳の計算明細を記載する場合には，別表の記載の仕方もよく確認する必要があります。記載事項は各規定の該当する施行規則に記載されています。

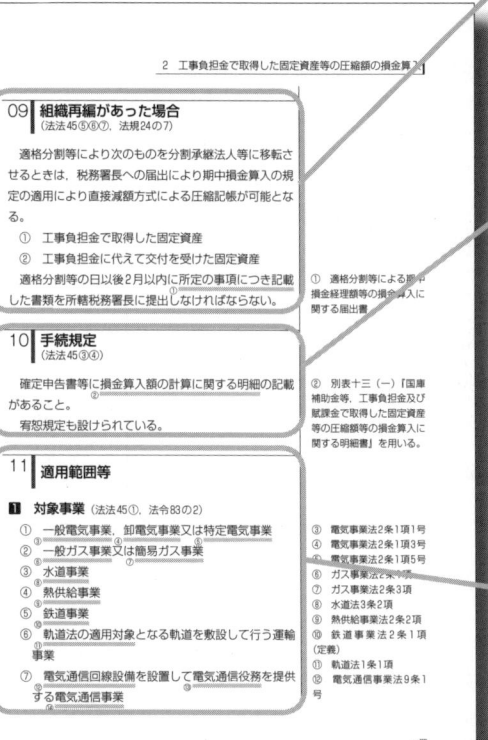

適用範囲等：『国庫補助金等の範囲』のように，その用語の意味する範囲について，解説しています。外側に，他法の参照条文を記載しています。法人税，租税特別措置法の法令に記載された条文番号です。関連する他法の条文を確認する場合には，この条文番号を参考に各法の最新情報を確認してください。

『用語の定義』と題しているものもありますが，主旨は同じです。

● そのほかの見出し

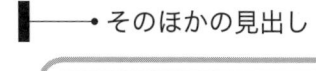

規定によっては，他の特例との重複適用が認められないものがあります。重複して適用ができない特例を記載しています。

法法…………法人税法
法令…………法人税法施行令
法規…………法人税法施行規則
措法…………租税特別措置法
措令…………租税特別措置法施行令
措規…………租税特別措置法施行規則
法基通………法人税基本通達
措通…………租税特別措置法関係通達
租特透明化法…租税特別措置の適用状況の透明化等に関する法律

例：措法33①一：租税特別措置法第33条第1項第1号

制度の概要

圧縮記帳の基本

01 趣　旨

❶　圧縮記帳

　法人税法では資本取引以外の取引に係る収益は，全て益金として各事業年度の所得金額を構成することになる。

　しかし，国等からの補助金収入，代替資産取得を当て込んだ保険金収入等にも，益金としてそのまま課税するとなると，税金の負担によりその分，目的たる固定資産を取得することが困難となってしまう。

　圧縮記帳制度は，取得資産についての圧縮記帳経理による損金計上を可能にし，計上される益金の課税の影響を減殺する役目をもたされている。

　このとき損金経理（圧縮記帳）された金額は，代替資産等の帳簿価額を引き下げ，その後の事業年度の減価償却費は減少し，又は，将来売却時に引き下げられた帳簿価額分だけ譲渡益が多く計上されることになる。こうして，課税されるべき益金を将来に繰り延べる効果をもたらす制度が，圧縮記帳制度である。

❷　特別勘定

　圧縮記帳の適用対象となる保険金等の収入があったことにより益金が計上されても，その事業年度にやむを得ない理由により代替資産を取得できないことがある。その場合は圧縮記帳の規定が適用できない。しかし，その後の事業年度において代替資産の取得が見込める場合には，特別勘定設定による損金経理が可能となっている。

　その後の事業年度において，代替資産の取得等をした場合には，特別勘定を取り崩して益金に算入したうえで圧縮記帳の適用が認められる。また，代替資産を取得しない等の事由に該当することとなった場合には，その事業年度において特別勘定は取り崩され益金に算入される。

02 適用対象資産

❶ 棚卸資産の適用除外
　圧縮記帳の対象資産は，原則として固定資産に限られており，棚卸資産の譲渡等については，適用されない。換地処分等に伴い資産を取得した場合の圧縮記帳の規定は，棚卸資産についても適用がある（措法65①，措通64(3)-12）。

❷ 所有権移転外リース資産の適用除外
　所有権移転外リース取引により取得した資産（所有権移転外リース資産）については，圧縮記帳の適用は認められない（法法47①他）。
　平成20年4月1日以降締結されたリース取引のうちファイナンス・リース取引に該当するものは資産の売買があったものとして取り扱われる（法法64の2）。

03 組織再編

❶ 適格分割等により移転する代替資産等
(1) 期中圧縮記帳
　適格分割等(*)があった事業年度の開始の日からその適格分割等の直前の時まで期間内に，補助金等や保険金等を原資に，あるいは買換え，交換により取得等した固定資産が適格分割等の分割承継法人に移転した場合，事業年度末にその取得した固定資産等を保有していないことになる。
　適格合併は，みなし事業年度の規定により（法法14①二），合併の日の前日に事業年度が終了し，圧縮記帳を行えばよい。
　しかし，適格分割等の場合はみなし事業年度による圧縮記帳の機会がなく，現に補助金等や保険金等により取得した固定資産等について，圧縮記帳による損金算入ができないことになる。
　そこで，分割法人等に対し期中損金算入による圧縮記帳に係る損金算入を認めている。
　非適格分割等の場合は，分割時の価額で譲渡があったものとされる（法法62）

ので，圧縮記帳の適用はない。
＊適格分割等：適格分割，適格現物出資及び適格現物分配をいう。

(2) 税務署長への届出
　上記（1）の規定を受ける場合には，適格分割等の日以後2月以内に所定の事項を記載した届出書類を所轄税務署長に提出しなければならない。
　これにより，期中における圧縮記帳処理の事実が明らかになる。

2 適格分割等時の特別勘定経理
(1) 期中特別勘定
　適格分割等(＊)があった事業年度の開始の日からその適格分割等の直前の時まで期間内に，補助金等や保険金等を原資に，あるいは買換えにより分割承継法人等で固定資産の取得又は改良予定の金額として計算された限度額の範囲内で特別勘定経理が認められる。
＊適格分割等：適格分割及び適格現物出資をいう。

(2) 税務署長への届出
　上記（1）の規定を受ける場合には，適格分割等の日以後2月以内に所定の事項を記載した届出書類を所轄税務署長に提出しなければならない。

3 特別勘定を有する場合の分割により移転する取得資産の圧縮記帳
(1) 期中圧縮記帳
　特別勘定を有する法人に適格分割等があった場合，所定の期間内にその特別勘定に係る固定資産の取得等をし，適格分割等により，その資産が分割承継法人等に移転するときは，その資産についても，1と同様，圧縮記帳が認められる。

(2) 税務署長への届出
　上記（1）の規定を受ける場合には，適格分割等の日以後2月以内に所定の事項を記載した届出書類を所轄税務署長に提出しなければならない。

4 特別勘定の引継ぎ

(1) 区分

　適格合併等を行った場合，次に掲げる区分に応じ，それぞれの特別勘定の金額は，合併法人等に引き継がれる。

　イ　適格合併

　　その適格合併の直前において有する特別勘定の金額

　ロ　適格分割等

　　その適格分割等の直前において，有する特別勘定の金額のうち，代替資産等の取得に充てようとする金額(*)及びその適格分割等に際して設けた期中特別勘定の金額

　　＊差益割合計算が必要な場合はその計算後の金額

(2) 税務署長への届出

　上記（1）に該当する場合には，適格分割等の日以後2月以内に所定の事項を記載した届出書類を所轄税務署長に提出しなければならない。ただし，分割承継法人等に期中特別勘定の金額のみを引き継ぐ場合は，提出の必要はない。

(3) 承継された後の特別勘定

　上記（1）により引き継がれた特別勘定の金額は，合併法人等の特別勘定の金額とみなされる。

04 申告要件

　圧縮記帳の規定の適用を受けるためには，提出する確定申告書等に，次に掲げる処理をする必要がある。

- ・圧縮損の損金算入に関する明細の記載
- ・所定の明細書の添付
- ・その他適用を受けるための証明書等の添付

　ただし，税務署長が，その明細の記載又は明細書等の添付がない確定申告書等の提出があった場合においても，その記載又は添付がないことについてやむを得ない

事情があると認めるときは，適用が認められる。
　平成23年4月1日以後に終了する事業年度に係る申告からは，租特透明化法の規定に基づく「適用額明細書」の添付も必要となっている。

05 清算中の事業年度

1 清算中の圧縮記帳
　清算中の法人については，次に掲げる規定を除き，圧縮記帳の規定の適用が認められない。

非出資組合が賦課金で取得した固定資産等の圧縮記帳	p 25	法法 46
換地処分等に伴い資産を取得した場合の圧縮記帳	p 67	措法 65 ①
転廃業助成金等で取得した固定資産の圧縮記帳	p 148	措法 67 の 4

2 清算中の圧縮特別勘定
　特別勘定経理は，解散した事業年度においても，清算事業年度においても，認められていない。解散した時点で法人の有する圧縮特別勘定については，その解散をした日を含む事業年度において，その全額を取り崩し益金に算入される。

06 特別償却と圧縮記帳の重複適用

1 法人税法上の圧縮記帳
　法人税法上の圧縮記帳と特別償却との重複適用については，制限がない。

2 租税特別措置法上の圧縮記帳
　租税特別措置法において設けられている特別償却制度と租税特別措置法上の圧縮記帳の規定は，原則として，重複適用が認められない。
（重複適用）
　ただし，次の特別償却については，重複適用が可能となっている。

障害者等を雇用する場合の機械等の割増償却	措法46
支援事業取引金額が増加した場合の3年以内取得資産の割増償却	措法46の2

07 グループ内の法人間の資産の譲渡取引等に係る圧縮記帳

　圧縮記帳制度において，固定資産の譲渡先や取得先に関する制限はない。
　完全支配関係にあるグループ内の法人間における一定の資産の譲渡取引等においては，譲渡利益だけでなく譲渡損失も繰延べの対象となっている（法法61の13①，法令122の14①）。
　圧縮記帳制度は，譲渡利益のみを対象として課税の繰延べがされる。
　完全支配関係にある法人間の一定の資産の譲渡取引においては，譲渡利益の繰延べと圧縮記帳制度双方の規定の適用が可能となる。
　その場合の譲渡資産に係る譲渡利益金額は，以下に掲げる圧縮記帳の規定による損金算入額を控除した金額及び一定の特別控除額を控除した金額とされている（法令122の14③）。
　資産を贈与される場合に適用される圧縮記帳は，資産の譲渡益が発生しないため，資産の譲渡益から圧縮損の金額を控除する取引に該当しない。例えば，国庫補助金等，工事負担金等，保険金等で取得した資産に係る圧縮記帳の規定などである。

繰延譲渡利益金額から控除される圧縮損の金額に係る圧縮記帳の規定		
交換により取得した資産の圧縮額の損金算入	p 39	法法50
収用等に伴い代替資産を取得した場合の課税の特例	p 51	措法64
換地処分等に伴い資産を取得した場合の課税の特例	p 67	措法65
特定の資産の買換えの場合の課税の特例	p 77	措法65の7
特定の資産を交換した場合の課税の特例	p 115	措法65の9
特定の交換分合により土地等を取得した場合の課税の特例	p 117	措法65の10
大規模な住宅地等造成事業の施行区域内にある土地等の造成のための交換等の場合の課税の特例	p 123	措法65の11

| 平成21年及び平成22年に土地等の先行取得をした場合の課税の特例 | p 137 | 措法66の2 |

【算式】

繰延譲渡利益額＝譲渡利益（時価－簿価）－固定資産圧縮損（又は特別控除額）

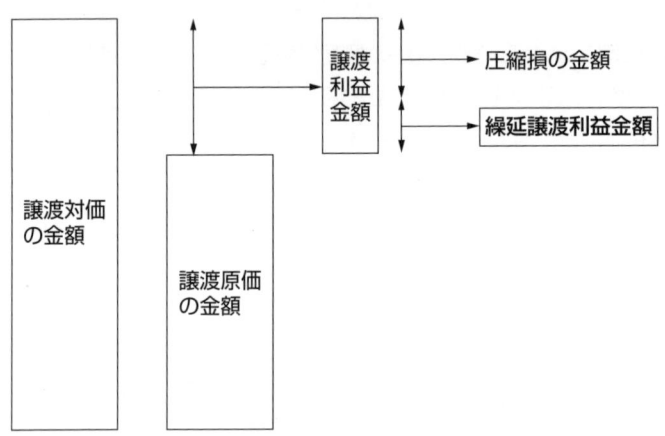

08 経理方法

❶ 経理方法の選択

圧縮記帳の経理方法として以下の方法が認められる。

(1) 直接減額方式

圧縮記帳の対象となる代替資産等の取得価額から圧縮損の金額を直接減額する方法である。資産が減価償却資産である場合には，圧縮記帳後の取得価額を基に減価償却費を計算する。

交換に係る特例については，積立金方式の経理方法が認められず，この直接減額方式により経理する方法によらなければならない。また，次に掲げる算式により計算した金額を下らない金額を取得価額とする処理も認められる（法基通10-6-10，措通64(3)-17）。

圧縮記帳の基本

【算式】
(譲渡資産の譲渡直前の帳簿価額) + (その取得資産の取得のために要した経費)

直接減額方式による経理方法のみが認められる規定		
交換により取得した資産の圧縮額の損金算入	p 39	法法 50
換地処分等に伴い資産を取得した場合の課税の特例　交換取得	p 67	措法 65
特定の交換分合により土地等を取得した場合の課税の特例	p 117	措法 65 の 10
技術研究組合が賦課金で取得した試験研究用資産の課税の特例	p 144	措法 66 の 10
転廃業助成金等に係る課税の特例　減価補てん金	p 148	措法 67 の 4 ①

(1) 積立金方式

損金経理あるいは剰余金の処分により確定した決算で圧縮積立金を積み立てる方法である。取得した代替資産等の帳簿価額は，実際の取得価額となる。ただし，減価償却費や譲渡損益の計算では，所定の調整が必要となる。

圧縮記帳が可能となる事業年度の確定した決算において，損金経理あるいは剰余金の処分により積み立てる方法がある。

貸借対照表へは積立金が反映され，株主資本等変動計算書にその積立額を記載する（株主資本等変動計算書に関する会計基準の適用指針25）。

対象となる規定		
国庫補助金等で取得した固定資産等の圧縮額の損金算入	p 14	法法 42
工事負担金等で取得した固定資産等の圧縮額の損金算入	p 20	法法 45
非出資組合が賦課金で取得した固定資産等の圧縮額の損金算入	p 25	法法 46
保険金等で取得した固定資産等の圧縮額の損金算入	p 30	法法 47
農用地等を取得した場合の課税の特例	p 46	措法 61 の 3
収用等に伴い代替資産を取得した場合の課税の特例	p 51	措法 64
特定の資産の買換えの場合の課税の特例	p 77	措法 65 の 7
大規模な住宅地等造成事業の施行区域内にある土地等の造成のための交換等の場合の課税の特例	p 123	措法 65 の 11
特定普通財産とその隣接する土地等の交換の場合の課税の特例	p 132	措法 66

平成21年及び平成22年に土地等の先行取得をした場合の課税の特例	p 137	措法66の2
転廃業助成金等に係る課税の特例　固定資産取得	p 152	措法67の4②

＊法法46を除いて，決算の確定の日までに剰余金の処分により積立金として積み立てる方法によることが選択できる旨，規定されている。

【留意事項】

① 資産につき除却等があった場合の積立金の取崩し（法基通10-1-2）

　圧縮記帳による圧縮額を積立金として経理している資産につき除却，廃棄，滅失又は譲渡があった場合には，それに係る積立金の額を取り崩してその除却等のあった日の属する事業年度の益金の額に算入しなければならない。

② 積立金の任意取崩しの場合の償却超過額等の処理（法基通10-1-3）

　法人がその積立金の額の全部又は一部を取り崩して益金の額に算入した場合において，その取り崩した積立金の設定の基礎となった資産に係る償却超過額又は評価損の否認金があるときは，その償却超過額又は評価損の否認金の額のうち益金の額に算入した積立金の額に達するまでの金額は，その事業年度の損金の額に算入する。

③ 税効果会計

　税効果会計を適用する場合，剰余金を処分して積み立てる圧縮積立金の額は，税効果相当額控除後の金額による。貸借対照表の純資産の部に積立金，負債の部に繰延税金負債が計上される（個別財務諸表における税効果会計に関する実務指針20）。

2　圧縮限度超過額の処理

　圧縮記帳により損金算入が可能な金額は圧縮記帳限度額までの金額となる。所定の圧縮記帳限度額を超えた金額は，損金に算入されない。

　しかしながら，減価償却資産については，その超過額部分について，『償却費として損金経理した金額』に含まれる（法基通7-5-1(2)）。これにより，圧縮限度超過額は減価償却費として償却限度額の範囲内で損金算入が認められることになる。圧縮限度超過額全額が即，否認されて損金不算入になるわけではない。

❸ 仮決算時の処理
(1) 損金経理
　圧縮記帳の適用を受けるために，損金経理により圧縮額を直接減額あるいは圧縮積立金額を積み立てなければならない。損金経理は，確定した決算の手続を要する（法法2二十五）が，仮決算の場合は，単に『決算』において費用又は損失として経理すれば足りる（法法72③，措法61の3①カッコ書き）。
　仮決算における損金経理とは，株主等に報告する期間に係る決算書及びその作成の基礎となった帳簿に費用又は損失として記載することをいう（法基通1-7-1）。

(2) 剰余金処分経理
　剰余金処分方式により積み立てる圧縮積立金は，株主資本等変動計算書に記載することになる。中間期間においても，株主資本等変動計算書に準じて中間株主資本等変動計算書を作成すべきこととされる（株主資本等変動計算書に関する会計基準⑩㉕）。

09 特例の選択に係る有利不利判定

❶ 減価償却費との関連性
　代替資産が1億2,000万円，圧縮限度額が1億円，耐用年数が12年（償却率は0.200）の減価償却資産である場合，次のとおりとなる。
　＊償却は初年度から12か月分を償却している。

① 圧縮記帳の規定を適用した場合

(単位：千円)

年	償却費	帳簿価額
0		2,000
1	400	1,600
2	320	1,280
3	256	1,024
4	205	819
5	164	655
6	131	524
7	105	419

② 圧縮記帳を選択しなかった場合

(単位：千円)

年	償却費	帳簿価額
0		12,000
1	2,400	9,600
2	1,920	7,680
3	1,536	6,144
4	1,229	4,915
5	983	3,932
6	786	3,146
7	629	2,517

　減価償却資産なら，圧縮記帳を適用する場合はしない場合に比べて，減価償却費として損金算入できる金額は少なくなる。初年度の損金計上効果と引き換えに，翌年以降の損金算入額は少なくなる。圧縮記帳後の取得価額で償却費計算をすることにより，圧縮記帳により繰り延べられた利益が年々課税されていくことになる。

規定別
適用判断ポイント

関連条文 法法42,43,44

1 国庫補助金等で取得した固定資産等の圧縮額の損金算入

01 概　要

固定資産の取得又は改良のために所定の機関より補助金等の交付を受け、その補助金等をもってその目的に適合した固定資産を取得又は改良した場合に認められる圧縮記帳の規定である。補助金等の交付に代えて固定資産の交付を受けた場合も対象となる。

02 対象法人（法法42①，43②）

内国法人（清算中の法人を除く）

03 適用要件等

1 補助金交付型（法法42①）
① 国庫補助金等の交付を受けたこと
② 交付の目的が固定資産の取得又は改良に充てるための補助金であること
③ その交付の目的に適合した固定資産の取得又は改良をしたこと
④ その固定資産につき圧縮記帳経理したこと

2 固定資産交付型（法法42②）
① 国庫補助金等の交付に代えて固定資産の交付を受けたこと

> ！
> 『国庫補助金等の範囲』は『11 適用範囲等』参照

1 国庫補助金等で取得した固定資産等の圧縮額の損金算入

② その固定資産につき圧縮記帳経理したこと

04 対象資産の範囲等
(法法42①②)

① 補助金等で取得又は改良した固定資産
② 補助金等に代えて交付を受けた固定資産

05 圧縮限度額

❶ 補助金交付型 (法法42①)

固定資産の取得又は改良に充てた補助金等の額に相当する金額。

❷ 固定資産交付型 (法法42②)

交付を受けた固定資産の価額に相当する金額。

❸ 備忘価額 (法令93)

❶，❷とも圧縮記帳後に1円未満の帳簿価額となる場合は，1円以上の備忘価額を付す。

06 経理方法
(法法42①②，法令80)

直接減額方式
確定決算での積立金方式
決算期までの剰余金処分積立方式

07 交付年度後の圧縮記帳
(法法43, 44)

交付を受けた補助金等が期末までに返還不要であることが，確定しない場合は，そのまま圧縮記帳は認められ

ない。しかし，将来返還される可能性のあるものを益金算入することも適当でない。そこで，その補助金等について返還不要であると確定するまで特別勘定経理を認め，返還不要が確定した段階で取り崩したうえで圧縮記帳が認められる。

❶ 特別勘定設定（法法43①）

【要件】
① 交付を受けた国庫補助金等の返還を要しないことが，その交付を受けた事業年度末までに確定しない場合であること
② 交付を受けた事業年度から確定するまでの期間に限られること
③ 特別勘定として経理したこと①

【限度額】
交付を受けた補助金等の額

① 積立金として積み立てる方法，仮受金として経理する方法も認められている（法基通10-1-1）。

❷ 特別勘定の取崩しと圧縮記帳（法法44①）

その特別勘定に係る国庫補助金等について，その後返還不要が確定した事業年度において圧縮記帳が認められる。

【限度額】

返還不要が確定した日の固定資産の帳簿価額 × 返還不要が確定した補助金等の額（分母限度） / 固定資産の取得又は改良に要した金額

08 先行取得資産の圧縮記帳
（法基通10-2-2）

法人が国庫補助金等の交付を受けた日の属する事業年度前の事業年度においてその交付の目的に適合する固定

1 国庫補助金等で取得した固定資産等の圧縮額の損金算入

資産の取得等をしている場合には，その交付を受けた事業年度においてその固定資産につき圧縮記帳の規定を適用することができる。

【限度額】

補助金等の交付を受けた日の固定資産の帳簿価額 × 交付を受けた補助金等の額（分母限度） / 固定資産の取得又は改良に要した金額

09 組織再編があった場合
（法法42⑤⑥⑦, 43⑥⑦, 44④⑤, 法規24の3, 24の4, 24の6）

適格分割等により次に掲げるものを分割承継法人等に移転させるときは，税務署長への届出により期中損金算入の規定の適用による圧縮記帳等が可能となる。

① 補助金等で取得した固定資産
② 補助金等に代えて交付を受けた固定資産

適格分割等の日以後2月以内に所定の事項につき記載した書類を所轄税務署長に提出しなければならない。②

期中特別勘定についても同様に損金算入が可能となる。

10 手続規定
（法法42③④, 43④⑤, 44②③）

確定申告書等に損金算入額の計算に関する明細の記載③があること。

宥恕規定も設けられている。

11 適用範囲等

■ 国庫補助金等の範囲 （法法42①, 法令79①）

① 国又は地方公共団体の補助金又は給付金

② 「適格分割等による期中損金経理額等の損金算入に関する届出書」
※期中特別勘定については，「適格分割等による国庫補助金等に係る期中特別勘定の金額の損金算入に関する届出書」を用いる。

③ 別表十三（一）『国庫補助金等，工事負担金及び賦課金で取得した固定資産等の圧縮額等の損金算入に関する明細書』を用いる。

④ 障害者の雇用の促進等に関する法律49条2項
⑤ 障害者の雇用の促進等に関する法律49条1項2号,3号及び5号から7号
⑥ 7条1号
⑦ 15条1項3号

⑧ 試験所,研究所その他これらに類する機関をいう。

⑨ 公共用飛行場周辺における航空機騒音による障害の防止等に関する法律
⑩ 独立行政法人農畜産業振興機構法10条2号
⑪ 独立行政法人鉄道建設・運輸施設整備支援機構法12条2項1号から3号
⑫ 電波法71条の2第1項
⑬ 電波法71条の3第1項
⑭ 日本たばこ産業株式会社法9条
⑮ たばこ事業法2条2号（定義）

② 納付金関係業務に基づく独立行政法人高齢・障害・求職者雇用支援機構の助成金
③ 福祉用具の研究開発及び普及の促進に関する法律に基づく独立行政法人新エネルギー・産業技術総合開発機構の助成金
④ 独立行政法人新エネルギー・産業技術総合開発機構法に基づく助成金
　外国法人，外国の政府若しくは地方公共団体に置かれる試験研究機関，国際機関に置かれる試験研究機関若しくは外国の大学若しくはその附属の試験研究機関（外国試験研究機関等）又は外国試験研究機関等の研究員と共同して行う試験研究に関する助成金は除かれる。
⑤ 独立行政法人空港周辺整備機構，成田国際空港株式会社又は新関西国際空港株式会社の補助金
⑥ 独立行政法人農畜産業振興機構の補助金
⑦ 独立行政法人鉄道建設・運輸施設整備支援機構の補助金
⑧ 特定周波数変更対策業務に基づく指定周波数変更対策機関の給付金
⑨ 日本たばこ産業株式会社が所定の認可を受けた事業計画に定めるところに従って交付する葉たばこの生産基盤の強化のための助成金
⑩ 法人が山林の取得又は改良に充てるため，国又は地方公共団体から交付を受けた補助金（法基通10-2-5）

❷ 地方税の減免に代えて交付を受けた補助金等の対象除外 (法基通10-2-4)

法人が都道府県又は市町村から工場誘致条例又はこれ

に準ずる条例に基づいて補助金，奨励金等の交付を受けた場合において，その補助金，奨励金等が実質的に税の減免に代えて交付されたものであることが明らかであると認められるときは，その補助金，奨励金等は，国庫補助金等には該当しない。

3 地方公共団体から土地等を低額譲受けした場合の圧縮記帳 (法基通10-2-3)

法人が工場誘致等のために都道府県又は市町村から土地その他の固定資産をその時価に比して著しく低い価額で取得し，その価額（その取得に要した費用があるときは，その費用の額を加算した金額）を帳簿価額とした場合には，その資産については圧縮記帳をしたものとして取り扱う。

4 返還が確定しているかどうかの判定 (法基通10-2-1)

法人が交付を受けた国庫補助金等について次のような一般的条件が付されていることは，国庫補助金等につき返還を要しないことが確定しているかどうかの判定には関係がない。

① 交付の条件に違反した場合には返還しなければならないこと
② 一定期間内に相当の収益が生じた場合には返還しなければならないこと

（注）交付すべき補助金等の額が確定し，その旨の通知を受けた国庫補助金等は，返還を要しないことが確定した国庫補助金等に該当する。

⑯ 補助金等に係る予算の執行の適正化に関する法律15条

関連条文 法法45

2 工事負担金で取得した固定資産等の圧縮額の損金算入

01 概　要

特定電気事業等を営む一定の内国法人が，事業に必要な施設の設置のため受益者から金銭等の交付を受けて取得した施設の固定資産につき圧縮記帳を認めるものである。

02 対象法人
（法法45①）

特定電気事業等を営む一定の内国法人（清算中の法人を除く）

> 対象となる事業の種類は『11 適用範囲等 ❶ 対象事業』参照

03 適用要件等
（法法45①②）

① 対象事業の受益者（以下，「受益者」という）から金銭又は資材の交付を受けること
② 事業に必要な施設を設けるためであること
③ その金銭又は資材をもってその施設を構成する固定資産を取得すること
④ その固定資産につき圧縮記帳経理したこと
　その事業に必要な施設を構成する固定資産の交付を受けた場合のその固定資産も含む。

04 対象資産の範囲等
（法法45①②）

① 受益者から交付を受けた金銭又は資材をもって取得したその施設を構成する固定資産
② 受益者から交付を受けたその施設を構成する固定資産

05 圧縮限度額

❶ 金銭又は資材の交付を受けた場合（法法45①）
いずれか少ない金額
① 固定資産の取得価額
② 交付を受けた金銭又は資材の価額に相当する金額

❷ 固定資産交付型（法法45②）
交付を受けた固定資産の価額に相当する金額

❸ 備忘価額（法令93）
❶，❷とも圧縮記帳後に1円未満の帳簿価額となる場合は，1円以上の備忘価額を付す。

06 経理方法
（法法45①②，法令83）

直接減額方式
確定決算での積立金方式
決算期までの剰余金処分積立方式

07 交付年度後の圧縮記帳
(法基通10-3-3)

　工事負担金の交付年度に固定資産を取得できなかった場合にも，交付年度においての仮勘定経理とその後の年度の圧縮記帳が認められている。

1 交付年度の仮勘定経理
　受益者から金銭又は資材の提供を受けた事業年度終了の日までに，その施設を構成する固定資産を取得することができなかったとき。
　　→交付を受けた金銭又は資材の価額に相当する金額を仮勘定として経理する。

2 固定資産を取得した事業年度
　① 仮勘定を取り崩して益金の額に算入する
　② 固定資産について圧縮記帳をすることができる

08 先行取得資産の圧縮記帳
(法基通10-3-2)

　法人が工事負担金の交付を受けた日の属する事業年度前の事業年度においてその交付の目的に適合する固定資産を取得している場合には，その交付を受けた事業年度においてその固定資産につき圧縮記帳の規定を適用することができる。

【限度額】

$$\text{工事負担金の交付を受けた時の固定資産の帳簿価額} \times \frac{\text{交付を受けた工事負担金の額（分母限度）}}{\text{固定資産の取得価額}}$$

2 工事負担金で取得した固定資産等の圧縮額の損金算入

09 組織再編があった場合
（法法45⑤⑥⑦，法規24の7）

適格分割等により次のものを分割承継法人等に移転させるときは，税務署長への届出により期中損金算入の規定の適用により直接減額方式による圧縮記帳が可能となる。

① 工事負担金で取得した固定資産
② 工事負担金に代えて交付を受けた固定資産

適格分割等の日以後2月以内に所定の事項につき記載した書類を所轄税務署長に提出しなければならない。

① 適格分割等による期中損金経理額等の損金算入に関する届出書

10 手続規定
（法法45③④）

確定申告書等に損金算入額の計算に関する明細の記載があること。

宥恕規定も設けられている。

② 別表十三（一）『国庫補助金等，工事負担金及び賦課金で取得した固定資産等の圧縮額等の損金算入に関する明細書』を用いる。

11 適用範囲等

■ 対象事業 （法法45①，法令83の2）

① 一般電気事業，卸電気事業又は特定電気事業
② 一般ガス事業又は簡易ガス事業
③ 水道事業
④ 熱供給事業
⑤ 鉄道事業
⑥ 軌道法の適用対象となる軌道を敷設して行う運輸事業
⑦ 電気通信回線設備を設置して電気通信役務を提供する電気通信事業

③ 電気事業法2条1項1号
④ 電気事業法2条1項3号
⑤ 電気事業法2条1項5号
⑥ ガス事業法2条1項
⑦ ガス事業法2条3項
⑧ 水道法3条2項
⑨ 熱供給事業法2条2項
⑩ 鉄道事業法2条1項（定義）
⑪ 軌道法1条1項
⑫ 電気通信事業法9条1号

23

⑬ 電気通信事業法2条3号
⑭ 電気通信事業法2条4号
⑮ 電気通信事業法2条5号
⑯ 放送法2条18号

⑧ 電気通信事業者が行う事業のうち放送法の規定に基づき設立された日本放送協会から委託を受けて行う国際放送のための施設に係るもの
⑨ 有線電気通信設備を用いてテレビジョン放送を行う事業

2 受益者の範囲 (法基通10-3-1)

　受益者には，例えば不動産業者等が，その開発した団地に必要な施設に係る工事負担金を事業を営む法人に交付し，その工事負担金に相当する金額をその団地に係る土地等の購入者に負担させることとしている場合におけるその不動産業者等が含まれる。

関連条文 法法46

3 非出資組合が賦課金で取得した固定資産等の圧縮額の損金算入

01 概　要

協同組合等のうち出資を有しないものに対して認められる圧縮記帳の規定である。

組合員等に事業用の固定資産の取得を目的とした納付金を賦課し，その納付された金額をもってその固定資産の取得等をしたときに認められる。

清算中の法人も適用が可能である。

02 対象法人
（法法46①）

協同組合等のうち出資を有しないもの，清算中の法人も対象となる。

> 対象となる法人は『10適用範囲等■適用対象非出資組合』参照

03 適用要件等
（法法46①）

① 組合員又は会員に固定資産の取得を目的とした納付金を賦課すること
② その事業の用に供するための固定資産であること
③ 賦課に基づいて納付された納付金をもってその固定資産を取得又は改良すること

04 対象資産の範囲等
（法法46①）

納付金によって取得又は改良された固定資産

05 圧縮限度額
（法法46①）

1 限度額計算
次のいずれか少ない金額。
① 固定資産の取得価額
② 交付を受けた納付金

2 備忘価額 （法令93）
圧縮記帳後に1円未満の帳簿価額となる場合は，1円以上の備忘価額を付す。

06 経理方法
（法法46①）

直接減額方式
確定決算での積立金方式

07 交付年度後の圧縮記帳
（法基通10-4-2，10-3-3）

非出資組合が納付金の納付があった事業年度においてその目的となった固定資産の取得等をすることができなかった場合，仮勘定経理処理が認められている。その後固定資産を取得した事業年度において，仮勘定を取り崩して益金の額に算入したうえで圧縮記帳が認められる。

08 先行取得資産の圧縮記帳
（法基通10-4-1）

非出資組合が2以上の事業年度にわたり納付金を納付させることとしている場合において，その納付金の全額を納付させる前にその目的となった固定資産の取得等を

3 非出資組合が賦課金で取得した固定資産等の圧縮額の損金算入

した場合，次に掲げる方法により，圧縮記帳が認められる。

1 納付金の納付のつど，圧縮記帳をする方法

【圧縮額】

納付金の納付を受けた時における固定資産の帳簿価額 × 納付を受けた納付金の額（分母限度） / その固定資産の取得価額

2 取得した時に，圧縮記帳をする方法

納付金についてその固定資産の取得等をした事業年度後に納付させる納付金の額を未収入金に計上し，通常どおりの圧縮記帳を行う。

09 手続規定
（法法46②③）

確定申告書等に損金算入額の計算に関する明細の記載①があること。

宥恕規定も設けられている。

① 別表十三（一）『国庫補助金等，工事負担金及び賦課金で取得した固定資産等の圧縮額等の損金算入に関する明細書』を用いる。

10 適用範囲等

1 適用対象非出資組合 （法法46①，別表第三）

名称	根拠法
生活衛生同業小組合	生活衛生関係営業の運営の適正化及び振興に関する法律
共済水産業協同組合連合会	水産業協同組合法
漁業協同組合	
漁業協同組合連合会	

漁業生産組合（組合の事業に従事する組合員に対し給料，賃金，賞与その他これらの性質を有する給与を支給するものを除く）	
商店街振興組合	商店街振興組合法
商店街振興組合連合会	
消費生活協同組合	消費生活協同組合法
消費生活協同組合連合会	
信用金庫	信用金庫法
信用金庫連合会	
森林組合	森林組合法
森林組合連合会	
水産加工業協同組合	水産業協同組合法
水産加工業協同組合連合会	
生産森林組合（組合の事業に従事する組合員に対し給料，賃金，賞与その他これらの性質を有する給与を支給するものを除く）	森林組合法
船主相互保険組合	船主相互保険組合法
たばこ耕作組合	たばこ耕作組合法
中小企業等協同組合（企業組合を除く）	中小企業等協同組合法
内航海運組合	内航海運組合法
内航海運組合連合会	
農業協同組合	農業協同組合法
農業協同組合連合会（別表第二の農業協同組合連合会の項に規定する財務大臣が指定をしたものを除く）	
農事組合法人（農業協同組合法第72条の8第1項第2号（農	

3 非出資組合が賦課金で取得した固定資産等の圧縮額の損金算入

業の経営）の事業を行う農事組合法人でその事業に従事する組合員に対し給料，賃金，賞与その他これらの性質を有する給与を支給するものを除く）	
農林中央金庫	農林中央金庫法
輸出水産業組合	輸出水産業の振興に関する法律
労働金庫	労働金庫法
労働金庫連合会	

　法人税法別表第三（協同組合等の表）に掲げる法人から，次に掲げる法人を除いた法人が対象となっている。次に掲げる法人は，組合員等に出資をさせることを条件に協同組合等として取り扱われるため，この規定の適用はない。
　・生活衛生同業組合
　・生活衛生同業組合連合会
　・商工組合
　・商工組合連合会
　・輸出組合
　・輸入組合

関連条文 法法47,48,49

4 保険金等で取得した固定資産等の圧縮額の損金算入

01 概　要

　内国法人の有する固定資産が滅失又は損壊したことにより保険金，共済金又は損害賠償金の交付を受けそれを持って固定資産の取得等をした場合に，圧縮記帳を認めるものである。

> !
> 保険差益が，災害損失あるいは災害による機会損失と相殺されてしまう可能性も高い。その場合，圧縮記帳の適用を行わず，保険金により得た資金による固定資産の取得価額の金額を取得年以後の毎年の減価償却により損金算入する選択肢もある。

02 対象法人

内国法人（清算中の法人を除く）

03 適用要件等

1 保険金受取型 （法法47①）

① 所有する固定資産が滅失又は損壊（滅失等）①したこと

② その滅失又は損壊により保険金等の支払を受けたこと

③ その保険金等をもって代替資産の取得又は代替資産となるべき資産の改良をしたこと

2 固定資産交付型 （法法47②）

① 上記1の保険金等の支払に代えて固定資産の交付を受けたこと

---

① 〔参考：組織再編〕
適格組織再編成により被合併法人等より承継したものも含む。

04 | 対象資産の範囲等
（法法47①②）

❶ 対象となる代替資産
① その保険金等をもって取得又は改良した代替資産
② 保険金等の支払に代えて交付を受けた固定資産

> 対象となる保険金等の範囲は『11 適用範囲等』参照

❷ 代替資産の範囲 （法法47①，法令84の2，法基通10-5-3, 4）

代替資産は，その滅失等をした所有固定資産と同一種類の固定資産であるものをいう。なお，所有権移転外リース資産は除かれる。

代替資産は，所有固定資産が滅失等をしたことによりこれに代替するものとして取得等をされる固定資産に限られる。

例えば滅失等のあった時において現に自己が建設，製作，製造又は改造中であった資産は代替資産に該当しない。

【判定区分】
判定は，以下の区分に応じ判定する。
① 耐用年数省令別表第一に掲げる減価償却資産
　　同表に掲げる種類の区分が同じであるかどうか
② 機械及び装置
　　旧耐用年数省令別表第二に掲げる設備の種類の区分が同じであるか又は類似するものであるかどうか

② 減価償却資産の耐用年数等に関する省令の一部を改正する省令による改正前のもの

05 圧縮限度額

❶ 保険金等受取型 （法法47①，法令85①）
(1) 保険金等の受取年度に代替資産を取得した場合

$$保険差益金の額(*) \times \frac{代替資産の取得又は改良に充てた保険金等の額（分母限度）}{保険金等の額－滅失等により支出する経費の額}$$

(*) 保険差益金の額（法令85②）

$$\left\{保険金等の額 － 所有固定資産の滅失等により支出する経費の額\right\} － 滅失等した所有固定資産の被害直前の帳簿価額のうち被害部分に対応する金額$$

(2) 保険金等の支払とともに代替資産の交付を受ける場合

$$保険差益金の額(*) \times \frac{代替資産の取得又は改良に充てた保険金等の額（分母限度）}{保険金等の額－滅失等により支出する経費の額}$$

(*) 保険差益金の額

保険金部分の金額を求め限度額を算出する。

$$保険金等の額 － 所有固定資産の滅失等により支出する経費の額 \times \frac{保険金等の額}{保険金等の額＋代替資産の時価}$$

$$－ 滅失等した所有固定資産の被害直前の帳簿価額のうち被害部分に対応する金額 \times \frac{保険金等の額}{保険金等の額＋代替資産の時価}$$

> ⚠ 代替資産部分を排除して、譲渡益相当額を算出している

4 保険金等で取得した固定資産等の圧縮額の損金算入

2 固定資産交付型 （法法47②，法令87）

代替資産の時価 － 所有固定資産の滅失等により支出する経費の額 － 滅失等した所有固定資産の被害直前の帳簿価額のうち被害部分に対応する金額

代替資産の交付とともに保険金等の支払を受ける場合

代替資産部分の金額を求め限度額を算出する。

$$代替資産の交付時の時価 - 所有固定資産の滅失等により支出する経費の額 \times \frac{代替資産の時価}{保険金等の額 + 代替資産の時価}$$

$$- 滅失等した所有固定資産の被害直前の帳簿価額のうち被害部分に対応する金額 \times \frac{代替資産の時価}{保険金等の額 + 代替資産の時価}$$

> ⚠ 保険金部分を排除して，譲渡益相当額を算出している

3 備忘価額 （法令93）

1～**2**とも圧縮記帳後に1円未満の帳簿価額となる場合は，1円以上の備忘価額を付す。

4 所有固定資産の滅失等により支出する経費 （法基通10-5-5）

(1) 該当するもの

滅失等があった所有固定資産の取壊費，焼跡の整理費，消防費等のように滅失等に直接関連して支出される経費

(2) 除かれるもの

類焼者に対する賠償金，けが人への見舞金，被災者への弔慰金等のように滅失等に直接関連しない経費

(3) 所有固定資産の滅失等により支出した経費の見積り（法基通10-5-7）

まだ焼跡の整理に着手していない等のためその所有固定資産の滅失等により支出すべき経費の額が確定していないときは，その経費の額は見積りによることができる。

その後，その額が確定した日の属する事業年度において調整する。

06 経理方法
(法法47①②，48①，49①，法令86)

直接減額方式
確定決算での積立金方式
決算期までの剰余金処分積立方式

07 保険金受取支払年度後の圧縮記帳
(法法48①，法令88，法法49①，法令91，86)

保険金等の支払を受けた事業年度以後に代替資産を取得した場合についても圧縮記帳は認められる。保険金等の支払事業年度に特別勘定による損金経理を認め，実際に代替資産を取得した際に，特別勘定を取崩したうえ，圧縮記帳を行うことができる。

【特別勘定経理要件】
① 所有する固定資産が滅失又は損壊したこと
② その滅失又は損壊により保険金等の支払を受けたこと
③ 保険金等の支払を受けた事業年度の翌事業年度開始の日から2年を経過した日の前日までの期間に，代替資産の取得又は改良をする見込みであること
④ 特別勘定として経理すること

③ 災害その他やむを得ない事情により所轄税務署長が指定された日までの期間内に延長可能（法令88）
④ 仮受金として経理する方法も認められている（法基通10-1-1）。

【特別勘定の繰入限度額】（法令89）

$$保険差益金の額 \times \frac{代替資産の取得又は改良に充てようとする保険金等の額（分母限度）}{保険金等の額 - 滅失等により支出する経費の額}$$

08 先行取得資産の圧縮記帳
（法基通10-5-8）

法人が保険金等の額が確定する前にその滅失等をした所有固定資産に係る代替資産の取得等をした場合も圧縮記帳は認められる。

【時期】

その代替資産につきその保険金等の額が確定した日の属する事業年度

【圧縮限度額】

通常の限度額計算に一定の調整を行う。

$$通常の圧縮限度額 \times \frac{圧縮記帳時の固定資産の帳簿価額（改良の場合は，改良に係る部分の帳簿価額）}{固定資産の取得又は改良に要した金額}$$

09 組織再編があった場合
（法法47⑤⑥⑦，48⑥⑦，49④⑤）

適格分割等により次に掲げるものを分割承継法人等に移転させるときは，税務署長への届出により期中損金算入の規定の適用により直接減額方式による圧縮記帳が可能となる。

① 保険金等をもって取得をした代替資産
② 保険金等をもって改良をした損壊した所有固定資産若しくは代替資産となるべき資産

⑤ 適格分割等による期中損金経理額等の損金算入に関する届出書	③　保険金等の支払に代えて交付を受けた代替資産 適格分割等の日以後2月以内に所定の事項につき記載した書類を所轄税務署長に提出しなければならない。 期中特別勘定についても同様に損金算入が可能となる。
	## 10 手続規定 （法法47③④，48④⑤，49②③） 確定申告書等に損金算入額の計算に関する明細の記載があること。宥恕規定も設けられている。
⑥　別表十三（二）『保険金等で取得した固定資産等の圧縮額等の損金算入に関する明細書』を用いる。	

11 適用範囲等

■1 保険金等の範囲 （法法47①，法令84）

特例の対象となる保険金，共済金，損害賠償金とは，次の条件を満たすものである。

- ①　所有固定資産の滅失又は損壊に基因して支払を受けるものであること
- ②　その滅失又は損壊のあった日から3年以内に支払の確定したもの

(1)　適用除外 （法基通10-5-1）

所有固定資産の滅失等に基因して受けるものに限られる。次に掲げるような保険金等については，適用がない。

- ①　棚卸資産の滅失等により受ける保険金等
- ②　所有固定資産の滅失等に伴う休廃業等により減少し，又は生ずることとなる収益又は費用の補てんに充てるものとして支払を受ける保険金等

(2)　立竹木の保険金等に係る圧縮記帳 （法基通10-5-1の2）

法人が，その有する立竹木の滅失等により支払を受けた保険金等をもってその滅失等をした立竹木に代替する

立竹木を取得した場合には，その立竹木につきこの規定の適用を受けることができる。

　ただし，次に掲げる立竹木の滅失等により支払を受けた保険金等をもって取得した立竹木に代替する資産については，適用がない。

① 　法人が，保険金等の支払の基因となる滅失等のあった日（基因日）前1年以内に他から購入した立竹木で販売計画等からみてその購入後おおむね1年以内に転売又は伐木されることが確実と認められるもの

② 　原木販売業，製材業，製紙業，パルプ製造業等を営む法人が，基因日前1年以内に他から購入した立竹木

⑦　①に該当する立竹木を除いて，その購入をした日において通常の伐期に達していたものに限る。

2　保険金

次に掲げる者が支払う保険金が対象となる。

① 　保険会社
② 　外国保険業者
③ 　少額短期保険業者

⑧　保険業法2条2項
⑨　保険業法2条6項
⑩　保険業法2条18項

3　共済金

次に掲げる法人が行う共済で固定資産について生じた損害を共済事故とするものに係る共済金が対象となる。

① 　共済に関する施設に掲げる事業を行う農業協同組合及び農業協同組合連合会

② 　農業共済組合及び農業共済組合連合会

③ 　組合員の共済に関する事業を行う漁業協同組合及び水産加工業協同組合並びに共済水産業協同組合連合会

④ 　事業協同組合及び事業協同小組合で特定共済組合

⑪　農業協同組合法10条1項10号

⑫　水産業協同組合法11条1項11号，93条1項6号の2

⑬　中小企業等協同組合法9条の2第7項

⑭ 中小企業等共同組合法9条の9第1項3号
⑮ 中小企業等協同組合法9条の9第4項
⑯ 生活衛生関係営業の運営の適正化及び振興に関する法律8条1項10号，同法54条8号又は9号
⑰ 森林組合法101条1項13号

に該当するもの
⑤ 協同組合連合会及び特定共済組合連合会
⑥ 共済事業を行う生活衛生同業組合及び生活衛生同業組合連合会
⑦ 漁業共済組合及び漁業共済組合連合会
⑧ 共済に関する事業を行う森林組合連合会

12 その他

❶ 圧縮記帳をする場合の滅失損の計上時期 (法基通10-5-2)

この規定の適用を受けようとするときは，その滅失等による損失の額及びその滅失等により支出した経費の額は，保険金等の額を見積り計上する場合を除いて，その保険金等の額が確定するまでは仮勘定として損金の額に算入しない。

ただし，その支払を受ける保険金等が損害賠償金のみである場合を除く。

適格組織再編成における引継ぎの場合も同様となる。

【該当条件】
・被合併法人等が有する固定資産が滅失等した。
・合併法人等が保険金等の額の支払を受ける。
・合併法人等が圧縮記帳等の規定の適用を受けようとする。

関連条文 法法50

5 交換により取得した資産の圧縮額の損金算入

01 概　要

　法人が，同一種類の固定資産を交換した場合に，圧縮記帳を認めるものである。
　清算中の法人には，適用がない。
　遊休資産にも適用が可能である（法基通10-6-1）。

02 対象法人
（法法50①②）

　内国法人（清算中の法人を除く）

03 適用要件等
（法法50①）

① 同一種類の固定資産を交換すること
② 交換差金等の額が取得資産か譲渡資産の価額のいずれか多い価額の20％相当額以内であること

04 対象資産の範囲等

1 譲渡資産 （法法50①）

(1) 譲渡者が1年以上所有していたもの①
　建物等の建設中の期間は，その所有期間に含めない（法基通10-6-1の2）。

(2) 対象資産の種類
　次に掲げる資産が該当する。

① 〔参考：組織再編〕
適格組織再編成に係る被合併法人等の所有していた期間も含まれる。

② その建物と一体となって交換されるものに限られる。それぞれ単独には適用対象にならない（法基通10-6-3）。

① 土地
② 建物（これに附属する設備及び構築物を含む）②
③ 機械及び装置
④ 船舶
⑤ 鉱業権（租鉱権及び採石権その他土石を採掘し又は採取する権利を含む）

(3) 譲渡資産である土地等の範囲
① 含まれるもの
・建物又は構築物の所有を目的とする地上権及び賃借権
・農地の上に存する耕作に関する権利
③
　地上権，永小作権又は賃借権で，これらの権利の移転，これらの権利に係る契約の解除等をする場合には，農地又は採草放牧地の権利移動の制限等の規定の適用があるものとされる（法基通10-6-2の2）。④

③ 農地法2条1項

④ 農地法3条1項，5条1項又は18条1項

② 含まれないもの
・立木その他独立して取引の対象となる土地の定着物
　宅地である場合には，庭木，石垣，庭園，庭園に附属する亭，庭内神し（祠）その他これらに類する附属設備などで宅地と一体として交換されるもの（(2)②に該当するものを除く）は含まれる（法基通10-6-2）。

2 取得資産 (法法50①)

① 交換の相手が1年以上有していた固定資産であること
② 譲渡資産と同一種類であること
③ 譲渡資産の用途と同一の用途に供すること
④ 交換の相手が交換のために取得されたものでないこと

！交換の話しが持ち上がった後の用途変更があった場合の適用可否判断はさらに慎重に

3 交換の範囲

(1) 遊休資産の交換（法基通10-6-1）

遊休資産の交換も含まれる。

(2) 借地権の交換等（法基通10-6-3の2）

例えば自己の有する土地に新たに借地権を設定し，その設定の対価として相手方から土地等を取得する場合のように，実質的には固定資産の交換であるが手続上は権利の設定等の方法によらざるを得ないものについても規定を適用することができる。

(3) 2種類の資産を交換した場合の交換差金等（法基通10-6-4）

例えば，土地及び建物と土地及び建物とを交換した場合には，土地は土地と建物は建物とそれぞれ交換したものとする。

この場合において，これらの資産は全体としては等価であるが，土地と土地，建物と建物とはそれぞれの時価が異なっているときは，それぞれの交換の時における価額の差額は交換差金等となる。

(4) 資産の一部を交換とし他の部分を譲渡とした場合の交換の特例の適用（法基通10-6-5）

一体となって同じ効用を有する同種の資産のうち，その一部については交換とし，他の部分については譲渡としているときは，その全体が交換されたものとする。

その譲渡代金は交換差金等とする。

(5) 等価交換の意義（法基通10-6-5の2）

例えば交換の当事者が通常の取引価額が異なる2以上の固定資産を相互に等価であるものとして交換した場合においても，その交換がその交換をするに至った事情に照らし正常な取引条件に従って行われたものであると認められるときは，この規定の適用上，これらの資産の価

! 遊休資産は適用が認められるが，建設期間中の資産は，対象とならないので，注意が必要である（出典：『六訂版 法人税基本通達逐条解説』10-6-1の2解説）

⑤ 法令138条1項《借地権の設定等により地価が著しく低下する場合の土地等の帳簿価額の一部の損金算入》の規定の適用のある設定に限る。

額はその当事者間において合意されたところによるものとする。

4 同一の用途に供するもの

(1) 判定（法基通10-6-7）

法人が固定資産を交換した場合において，取得資産を譲渡資産の譲渡直前の用途と同一の用途に供したかどうかは，その資産の種類に応じ，おおむね次に掲げる区分により判定する。

土地	その現況により，宅地，田畑，鉱泉地，池沼，山林，牧場又は原野，その他の区分
建物	居住の用，店舗又は事務所の用，工場の用，倉庫の用，その他の用の区分
機械及び装置	旧耐用年数省令別表第二に掲げる設備の種類の区分
船舶	漁船，運送船⑥，作業船⑦，その他の区分

⑥ 貨物船，油槽船，薬品槽船，客船等をいう。
⑦ しゅんせつ船及び砂利採取船を含む。

＊なお，店舗又は事務所と住宅とに併用されている家屋は，居住専用又は店舗専用若しくは事務所専用の家屋とすることができる。

(2) 改造による用途変更（法基通10-6-6）

譲渡資産の譲渡直前の用途は，法人がその譲渡資産を他の用途に供するために改造に着手している等改造して他の用途に供することとしている場合には，この改造後の用途をいう。

(3) 取得資産を譲渡資産の譲渡直前の用途と同一の用途に供する時期（法基通10-6-8）

法人がその有する固定資産を交換した場合において，取得資産をその交換の日の属する事業年度の確定申告書の提出期限までに譲渡資産の譲渡直前の用途と同一の用途に供したときは，この規定を適用することができるも

のとする。

　この場合において，取得資産が譲渡資産の譲渡直前の用途と同一の用途に供するため改造等を要するものであるときは，法人がその提出期限までにその改造等の発注をするなどその改造等に着手し⑧，かつ，相当期間内にその改造等を了する見込みであるときに限り，その提出期限までに同一の用途に供されたものとして取り扱われる。

⑧　提出期限延長の規定により提出期限が延長されている場合には，その延長された期限とする（法法75条の2《確定申告書の提出期限の延長の特例》）。

05 圧縮限度額
（法法50①，法令92）

■1 交換差金等がない場合

取得資産の取得時の価額 － (譲渡資産の譲渡直前の帳簿価額 ＋ 譲渡経費)

■2 交換差金等を取得した場合

取得資産の取得時の価額 － {(譲渡資産の譲渡直前の帳簿価額 ＋ 譲渡経費)

× $\dfrac{\text{取得資産の取得時の価額}}{\text{取得資産の取得時の価額＋交換差金等}}$ }

> ！ 交換差金部分を排除して，譲渡益相当額を算出している

■3 交換差金等を交付した場合

取得資産の取得時の価額 － (譲渡資産の譲渡直前の帳簿価額 ＋ 譲渡経費 ＋ 交換差金等)

■4 備忘価額 （法令93）

　■1～■3とも圧縮記帳後に1円未満の帳簿価額となる場合は，1円以上の備忘価額を付す。

■5 譲渡資産の譲渡に要した経費 （法基通10-6-9）

　譲渡資産の譲渡に要した経費（譲渡経費）の額には，

次に掲げるものが含まれる。
- ① 交換にあたり支出した譲渡資産に係る仲介手数料，取外費，荷役費，運送保険料その他その譲渡に要した経費
- ② 土地の交換に関する契約の一環として，又はその交換のためにその土地の上に存する建物等につき取壊しをした場合におけるその取壊しにより生じた損失の額
- ③ その取壊しに伴い借家人に対して支払った立退料の額

06 経理方法
（法法50①）

- ① 直接減額方式
- ② 帳簿価額付替え方式（法基通10-6-10）

直接減額方式によらず，次に掲げる算式により計算した金額を下らない金額を取得価額とする処理も認められる。

（譲渡資産の譲渡直前の帳簿価額）＋（その取得資産の取得のために要した経費）
⑨

07 組織再編があった場合
（法法50⑤⑥）

適格分割等により交換により取得した資産を分割承継法人等に移転させるときは，税務署長への届出により期中損金算入の規定の適用により直接減額方式による圧縮記帳が可能となる。
⑩

適格分割等の日以後2月以内に所定の事項につき記載した書類を所轄税務署長に提出しなければならない。
⑪

⑨ 法令92条《交換により生じた差益金の額》

⑩ 交換取得資産は，適格分割等の日の属する事業年度開始の日からその適格分割等の直前の時までの期間内に交換により取得をし，譲渡資産の譲渡直前の用途と同一の用途に供したものに限る。

⑪ 適格分割等による期中損金経理額等の損金算入に関する届出書

08 手続規定
（法法50③④）

確定申告書等に損金算入額の計算に関する明細の記載があること。宥恕規定も設けられている。

⑫　別表十三（三）『交換により取得した資産の圧縮額の損金算入に関する明細書』を用いる。

関連条文 措法61の3, 61の2

6 農用地等を取得した場合の課税の特例

01 概要

農業経営基盤強化準備金を有する法人が,認定計画等の定めるところにより,農用地等を取得した場合に,その準備金額相当額を限度として圧縮記帳を認める規定である。

02 適用要件等
(措法61の3①, 61の2①)

① 青色申告法人であること
② 認定農業生産法人又は特定農業法人に該当すること
③ 農業経営基盤強化準備金の金額を有すること
④ 農業経営基盤強化促進法に規定する認定計画等の定めるところにより,農用地等の取得をすること
⑤ 農用地等をその法人の農業の用に供すること
⑥ 農用地等につき圧縮限度額の範囲内で圧縮記帳経理をしたこと

① 農業経営基盤強化促進法12条1項に規定する農業経営改善計画に係る同項の認定を受けた農地法2条3項に規定する農業生産法人
② 農業経営基盤強化促進法23条1項の認定に係る同条7項に規定する特定農用地利用規程に定める同条4項に規定する特定農業法人
③ 措法61条の2
④ 13条2項
⑤ 措規21条の18の2第2項,農業経営基盤強化促進法施行規則23条1項5号ロ
⑥ 農業経営基盤強化促進法4条1項1号に規定する農用地であり,その農用地に係る賃借権を含む。
⑦ 農業用の機械その他の減価償却資産をいう。

03 対象資産の範囲等

1 農用地等の取得 (措法61の3①, 措令37の3①)

農用地等とは,農用地及び特定農業用機械等をいう。
この農用地の取得及び特定農業用機械等の取得又は製作若しくは建設された資産が圧縮記帳の対象となる。

(1) 中古資産は対象外

その製作若しくは建設の後事業の用に供されたことの

46

ないものの取得に限られる。

(2) 適用除外

贈与，交換，出資，現物分配，所有権移転外リース取引，代物弁済，合併又は分割による取得を含まない。

⑧ 法法2条12号の6
従来は，適格現物分配のみであったが，平成26年度税制改正により適格であることに限られないこととなった。

2 贈与による取得があったものとされる場合 (措通61の3-1)

譲受価額とその農用地の価額との差額について，贈与があったと認められる時に認定される。

① 農用地を著しく低い価額で譲り受けたと認められる場合
→ 譲受価額による取得があったものとする。
② 農用地を著しく高い価額で譲り受けたと認められる場合
→ その農用地の価額による取得があったものとする。

04 圧縮限度額

おおまかにいうと，取り崩された農業経営基盤強化準備金の金額が圧縮限度額となる。その事業年度の所得金額が限度とされる。

1 限度額計算 (措法61の3①，措令の37の3②③，措規21の18の3①)

具体的な圧縮限度額は，次のいずれか少ない金額である。

①

（前事業年度等から繰り越された農業経営基盤強化準備金の金額のうち，その事業年度において益金の額に算入された，又は算入されるべきこととなった金額に相当する金額） ＋ （その事業年度において交付を受けた交付金等の額のうち農業経営基盤強化準備金として積み立てられなかった金額(一定の証明がされたもの)）

⑨ 措令37条の3第2項，措規21条の18の3第1項

②　その事業年度の所得の金額

この規定を適用せず，かつ，その事業年度において支出した寄附金の額の全額を損金の額に算入して計算した場合のその事業年度の所得の金額

❷ 備忘価額 (措令37の3⑥)

その帳簿価額が1円未満となるべき場合においても，その帳簿価額として1円以上の金額を付するものとする。

05 経理方法
(措法61の3①)

直接減額方式
確定決算での積立金方式
決算期までの剰余金処分積立方式

06 手続規定
(措法61の3②③，措規21の18の3②)

以下の全ての要件を満たすこと。宥恕規定も設けられている。

①　確定申告書等に損金算入に関する申告の記載があること
②　損金算入額の計算に関する明細書の添付があること[10]
③　証明書類の添付があること

07 重複適用の排除等

❶ 特別償却等との重複適用の排除

次の規定との重複適用が排除されている（措法61の3④）。[11]

---

[10] 別表十二（十三）『農業経営基盤強化準備金の損金算入及び認定計画等に定めるところに従い取得した農用地等の圧縮額の損金算入に関する明細書』のⅡの欄

[11] 減価償却資産について政令で定める規定も同様に重複適用できない。

6 農用地等を取得した場合の課税の特例

措置法	特例の名称
42の5	エネルギー環境負荷低減推進設備等を取得した場合の特別償却又は法人税額の特別控除
42の6	中小企業者等が機械等を取得した場合の特別償却又は法人税額の特別控除
42の9	沖縄の特定地域において工業用機械等を取得した場合の法人税額の特別控除
42の10	国際戦略特別区域において機械等を取得した場合の特別償却等又は法人税額の特別控除
42の11	国際戦略総合特別区域において機械等を取得した場合の特別償却又は法人税額の特別控除
42の12の2	国内の設備投資額が増加した場合の機械等の特別償却又は法人税額の特別控除
42の12の3	特定中小企業者等が経営改善設備を取得した場合の特別償却又は法人税額の特別控除
42の12の5	生産性向上設備等を取得した場合の特別償却又は法人税額の特別控除
43	特定設備等の特別償却
43の2	耐震基準適合建物等の特別償却
44	関西文化学術研究都市の文化学術研究地区における文化学術研究施設の特別償却
44の3	共同利用施設の特別償却
44の4	特定農産加工品生産設備等の特別償却
44の5	特定信頼性向上設備等の特別償却
45	特定地域における工業用機械等の特別償却
45の2	医療用機器等の特別償却
46の3	次世代育成支援対策に係る基準適合認定を受けた場合の建物等の割増償却
47	サービス付き高齢者向け賃貸住宅の割増償却
47の2	特定再開発建築物等の割増償却
48	倉庫用建物等の割増償却
52の3	準備金方式による特別償却

※震災関連のもの等は，記載していない。

2 不適用事業年度（措法61の3①，61の2①,③五）

　解散事業年度において農業経営基盤強化準備金は取り崩されるため，解散事業年度及び清算中の事業年度については，結果として圧縮記帳の適用もない。

関連条文 措法64,64の2

7 収用等に伴い代替資産を取得した場合

01 概要

　法人の有する資産が土地収用法等の規定に基づいて収用等され，取得した補償金等により代替資産を取得したことによる圧縮記帳を認めるものである。

　ただし，清算中の法人は適用を受けることができない。

　さらに，特別勘定の規定を受ける法人については，解散の日を含む事業年度及び被合併法人の合併（適格合併を除く）の日の前日を含む事業年度において，適用されない。

02 適用要件等
（措法64①②）

① 法人の有する資産につき土地収用法等の規定に基づいて収用等され，補償金等を取得したこと
② その補償金等の全部又は一部をもって代替資産を取得したこと
③ 代替資産につき圧縮記帳経理をしたこと

　土地等が土地収用法等の規定により使用されたこと等より，土地等又は補償金を取得した場合も対象となる（措法64②）。

! 公共事業の施行者等からの配布資料や説明会等で得られる情報を活用することが有用だと考えられる。税務官署との事前協議を行った結果を踏まえた上での情報であるだろうし，適用のための添付書類も同様に施行者等を頼りに入手することになろうかと思われる。

! 収用等，補償金等，土地収用法等の定義については，『11 用語の定義』参照

! 単に，圧縮記帳適用の可否判断だけでなく，他に適用の可能性がある特例の情報，各補償金の取扱い，消費税の課非判定，課税時期等の取扱いにも注意したい。また，収用等により補償金を得て代替資産等を取得せずに，物件を手放し賃貸に切り替えるかどうかの検討も欠かせない。その際には，5,000万円特別控除（措法65の2）の規定の適用を忘れないようにしたい。

03 対象資産の範囲等

1 譲渡資産

棚卸資産は除かれる。

2 対象資産である代替資産（措法64①）

代替資産とは，収用等により譲渡した資産と同種の資産その他のこれに代わるべき資産をいい，製作及び建設したものを含む。

なお「棚卸資産」と「所有権移転外リース取引により取得したもの」は含まれない。

代替資産は，次に掲げる区分に応じ，それぞれに掲げる資産とする（措令39②）。

(1) 土地等，建物，構築物の資産

次に掲げる場合

・土地収用法等による収用 ①
・収用権発動が前提となる資産の買取り ②
・第一種市街地再開発事業による権利変換 ③
・防災街区整備事業による権利変換 ④

【対象資産】

次の区分のいずれに属するかに応じ，それぞれこれらの区分に属する資産

① 土地又は土地の上に存する権利
② 建物（その附属設備を含む）又は建物に附属する一定の構築物 ⑤
③ ②の構築物以外の構築物
④ その他の資産 ⑥

---

① 措法64条1項1号
② 措法64条1項2号
③ 措法64条1項3号の2
④ 措法64条1項3号の3

⑤ 措規22条の2第2項
⑥ その他の資産については，種類及び用途も同じくする資産であること

7 収用等に伴い代替資産を取得した場合

【1組の資産】（措令39③，措規22の2③）

譲渡資産が上記の異なる2以上の資産で一の効用を有する1組の資産となって次に掲げる用に供するものである場合には，その効用と同じ効用を有する他の資産をもって譲渡資産の全てに係る代替資産とすることができる。

① 居住の用
② 店舗又は事務所の用
③ 工場，発電所又は変電所の用
④ 倉庫の用
⑤ そのほか，劇場の用，運動場の用，遊技場の用その他これらの用の区分に類する用

【手続規定】

譲渡の日の属する事業年度の確定申告書等にその一組の資産の明細を記載した書類を添付が必要となる。

(2) 土地等

次に掲げる場合。

・土地区画整理事業等による換地処分 ⑦
・都市計画法の市街地開発事業等予定区域内の買取り ⑧
・土地区画整理事業で減価補償金を交付すべきこととなるものの施行による買取り ⑨
・国等の50戸以上の住宅経営事業のための土地等の買い取り ⑩

⑦ 措法64条1項3号
⑧ 措法64条1項3号の4
⑨ 措法64条1項3号の5
⑩ 措法64条1項4号

【対象資産】

譲渡資産が各号に規定する資産の区分のいずれに属するかに応じ，それぞれ各号に規定する資産

いずれも土地等が譲渡資産となるので，代替資産も土地等となる。

(3) 各種種権利

次に掲げる権利。

⑪ 措法64条1項5号
⑫ 措法64条1項6号
⑬ 措法64条1項6号の2
⑭ 措法64条1項7号

⑪・土地収用法等の規定による所有権以外の権利の消滅
⑫・都市再開発法による地役権等の消滅
⑬・密集市街地整備促進法による地役権等の消滅
⑭・国等が行う公有水面の埋立て漁業権等の消滅

【対象資産】

譲渡資産と同種の権利

3 事業用資産 (措令39④)

譲渡資産の譲渡をした法人が，その事業の用に供するため，代替資産に該当する資産以外の資産の取得（製作及び建設を含む）をする場合でも，代替資産とすることができる。

その事業の用に供する減価償却資産，土地及び土地の上に存する権利に限る。

04 圧縮限度額
(措法64①)

代替資産の取得価額×差益割合

（差益割合）

$$\frac{改定補償金の額 - 譲渡資産の譲渡直前の帳簿価額}{改定補償金の額}$$

（改定補償金の額）

対価補償金等の額 − (譲渡に要した経費の額 − 取得した譲渡経費の補てん金額)

05 経理方法
(措法64①)

直接減額方式

確定決算での積立金方式

決算期までの剰余金処分積立方式

06 収用年度後の圧縮記帳

収用等の事業年度において代替資産を取得せず，その後指定期間内に取得する見込みである場合は，特別勘定経理による損金算入が認められる（措法64の2①）。

指定期間内に補償金等で代替資産の取得に充てようとするものの全部又は一部に相当する金額をもって代替資産を取得すれば特別勘定を取り崩したうえ圧縮記帳が可能となる（措法64の2⑦⑨）。

1 指定期間 （措法64の2①, 措令39⑲）

指定期間とは，収用等のあった日を含む事業年度終了の日の翌日から収用等のあった日以後2年を経過する日までの期間[15]

⑮ 解散の日を含む事業年度及び被合併法人の非適格合併の日の前日を含む事業年度を除く。

2 設定期間の伸長 （措令39⑲）

次に掲げるようにその期間内に代替資産の取得することが困難である場合には，収用等があった日から最大4年半，設定期間伸長が可能となる。

なお，下記③については，3年内に資産の取得ができることとなると認められる日までとなる。

① 収用等に係る事業の全部又は一部が完了しないこと
② 収用等に係る譲渡資産が内水面に係る漁業権であること等に係る収用等に係る事業又は生態影響調査の全部又は一部が完了しないこと
③ 収用等のあったことに伴い，工場等[16]の建設又は移転を要すること

⑯ 工場，事務所，その他の建物，構築物又は機械及び装置をいう。

⑰ 収用等に伴い代替資産を取得した場合における特別勘定の設定期間延長承認申請書

【更なる期間伸長】

上記の①及び②については税務署長の承認を受けるとさらに最大4年（②は8年）の期間伸長が認められる。

承認申請は，収用等があった日から4年を経過する日から2月以内に，所定の事項を記載した⑰申請書を所轄税務署長に提出しなければならない（措規22の2⑦，⑧）。

❸ 特別勘定設定限度額

補償金等のうち代替資産の取得に充てようとする金額×差益割合

（差益割合）

$$\frac{改定補償金の額 - 譲渡資産の譲渡直前の帳簿価額}{改定補償金の額}$$

（改定補償金の額）

対価補償金等の額 －（譲渡に要した経費の額 － 取得した譲渡経費の補てん金額）

07 先行取得資産の圧縮記帳
（措法64(3)-6）

【要件】

次の要件の全てに該当するときは，その収用等があった日を含む事業年度において，先行取得資産につき，圧縮記帳が認められる。

① 土地収用法の規定による事業認定又は起業者からの買取りの申出があったこと等により法人の有する⑱資産について収用等をされることが明らかであること⑲

② その法人がその事業認定又は買取りの申出等があった日以後にその代替資産となるべき資産をあらかじめ取得したこと

③ その取得した資産が収用等のあった日を含む事業

⑱ 土地収用法16条
⑲ 棚卸資産を除く。

7 収用等に伴い代替資産を取得した場合

年度開始の日前1年※以内に取得したものであること

※ なお，収用等に伴う，工場等㉑の建設又は移転を要し，工場用地の造成並びに工場等の建設及び移転に要する期間が通常1年を超えると認められる事情等がある場合には，収用等があった日を含む事業年度の開始の日前3年。

㉑ 工場，事務所，その他の建物，構築物又は機械及び装置をいう。

【適用除外】

通常の場合と同様に，措置法に規定する特別償却等の規定の適用を受けた資産には，適用がない。

【帳簿価額の調整】

代替資産について既に減価償却をしているときは，代替資産の帳簿価額として付けることができる金額は，次の算式により計算した金額を下らない金額とする。

その代替資産を取得した事業年度において圧縮記帳をしたものと仮定した場合の帳簿価額 × 代替資産について圧縮記帳をする時の直前の帳簿価額 / 代替資産の取得価額

08 組織再編があった場合
（措法64⑧⑩，64の2②③）

適格分割等により期中取得代替資産を分割承継法人等に移転させるときは，期中損金算入の規定の適用により圧縮記帳が可能となる。

適格分割等の日以後2月以内に所定の事項を記載した書類を所轄税務署長に提出㉑しなければならない。

期中特別勘定についても同様に損金算入が可能となる。

㉑ 適格分割等を行う場合の収用等又は収用換地等に伴い取得した資産の帳簿価額の減額又は設定した期中特別勘定に関する届出書及び提出書類の届出書

09 手続規定
（措法64④⑤，64の2⑬）

以下の全ての要件を満たすこと。宥恕規定も設けられ

ている。

① 確定申告書等に損金算入に関する申告の記載があること

㉒ ② 損金算入額の計算に関する明細書の添付があること

㉒ 別表十三（四）収用換地等に伴い取得した資産の圧縮額等の損金算入に関する明細書

③ 公共事業の施行者等から発行される一定の証明書の添付があること

10 重複適用の排除等

❶ 特別償却等との重複適用の排除

次の規定との重複適用が排除されている（措法64⑥,64の2⑭）。

㉓ 減価償却資産について政令で定める規定も同様に重複適用できない。

措置法	特例の名称
42の5	エネルギー環境負荷低減推進設備等を取得した場合の特別償却又は法人税額の特別控除
42の6	中小企業者等が機械等を取得した場合の特別償却又は法人税額の特別控除
42の9	沖縄の特定地域において工業用機械等を取得した場合の法人税額の特別控除
42の10	国際戦略特別区域において機械等を取得した場合の特別償却等又は法人税額の特別控除
42の11	国際戦略総合特別区域において機械等を取得した場合の特別償却又は法人税額の特別控除
42の12の2	国内の設備投資額が増加した場合の機械等の特別償却又は法人税額の特別控除
42の12の3	特定中小企業者等が経営改善設備を取得した場合の特別償却又は法人税額の特別控除
42の12の5	生産性向上設備等を取得した場合の特別償却又は法人税額の特別控除
43	特定設備等の特別償却

43の2	耐震基準適合建物等の特別償却
44	関西文化学術研究都市の文化学術研究地区における文化学術研究施設の特別償却
44の3	共同利用施設の特別償却
44の4	特定農産加工品生産設備等の特別償却
44の5	特定信頼性向上設備等の特別償却
45	特定地域における工業用機械等の特別償却
45の2	医療用機器等の特別償却
46の3	次世代育成支援対策に係る基準適合認定を受けた場合の建物等の割増償却
47	サービス付き高齢者向け賃貸住宅の割増償却
47の2	特定再開発建築物等の割増償却
48	倉庫用建物等の割増償却
52の3	準備金方式による特別償却

※震災関連のもの等は，記載していない。

2 特別控除との選択適用 (措法65の2)

この規定の適用を受けた場合には，収用換地等の場合の所得の特別控除，いわゆる5,000万円控除の規定の適用を受けることはできない。

3 都市計画法の市街地開発事業等予定区域内の買取り (措法64①三の四)

特定土地区画整理事業等のために土地等を譲渡した場合の所得の特別控除に掲げる場合は対象から除かれるため，適用対象にならない。

㉔ 措法65条の3第1項2号，2号の2

4 不適用事業年度 (措法64①，64の2①)

清算中の法人を除く。

特別勘定の規定を受ける法人については，解散の日を

含む事業年度及び被合併法人の合併（適格合併を除く）の日の前日を含む事業年度において，適用されない。

11 用語の定義

❶ 補償金等

　この規定の適用対象となる補償金等とは，収用等による譲渡の目的となった資産の収用等の対価たる金額，すなわち「対価補償金」に限られる（措法64③）。

　次の①から④までに掲げる補償金は，別の特例の適用を受ける場合を除いて，対価補償金に該当せず，圧縮記帳の適用はない（措通64(2)-1）。

① 業について減少することとなる収益又は生ずることとなる損失の補てんに充てるものとして交付を受ける補償金（収益補償金）

② 休廃業等により生ずる事業上の費用の補てん又は収用等による譲渡の目的となった資産以外の資産（棚卸資産を除く）について実現した損失の補てんに充てるものとして交付を受ける補償金（経費補償金）

③ 資産の移転に要する費用の補てんに充てるものとして交付を受ける補償金（移転補償金）

④ その他対価補償金たる実質を有しない補償金

　補償金の種類ごとの課税上の取扱いを，次にまとめる（措通64(2)-2）。

補償金の種類	課税上の取扱い
対価補償金	収用等の場合の課税の特例の適用がある。
収益補償金	収用等の場合の課税の特例の適用はない。ただし，対価補償金として取り扱うことができる場合がある。

> ！立退きの際の費用と対応させるため，立退くべき日と定められている日と実際に立ち退いた日のいずれか早い日まで仮受処理が可能（措通64(3)-16）

㉕ 棚卸資産を含む。

㉖ 措通64(2)-5

60

経費補償金	収用等の場合の課税の特例の適用はない。ただし，対価補償金として取り扱うことができる場合がある。㉗	㉗　措通64(2)-7
移転補償金	収用等の場合の課税の特例の適用はない。ただし，ひき（曳）家補償等の名義で交付を受ける補償金又は移設困難な機械装置の補償金を対価補償金として取り扱うことができる場合がある。㉘　また，借家人補償金は，対価補償金とみなして取り扱う。㉙	㉘　措通64(2)-8又は64(2)-9 ㉙　措通64(2)-21
その他対価補償金たる実質を有しない補償金	収用等の場合の課税の特例の適用はない。	

2　収用等の定義 (措法64①)

　収用等とは，次に掲げる規定により収用，買取り，換地処分，権利変換，買収又は消滅をいう。㉚

【措法64①各号】

一　土地収用法等による収用

　資産が土地収用法等の規定に基づいて収用され，補償金を取得する場合。

二　収用権発動が前提となる資産の買取り

　資産について買取りの申出を拒むときは土地収用法等の規定に基づいて収用されることとなる場合において，その資産が買い取られ，対価を取得するとき。

三　土地区画整理事業等による換地処分

　土地等につき次に掲げる事業が施行され，換地処分により清算金を取得するとき。

・土地区画整理法による土地区画整理事業

・大都市地域住宅等供給促進法による住宅街区整備事業

㉚　収用事業の施行会社等の株主，役員が収用等される場合は対象から除かれる（措令39⑤他）。

・新都市基盤整備法による土地整理
・土地改良法による土地改良事業

三の二　第一種市街地再開発事業による権利変換

資産につき都市再開発法による第一種市街地再開発事業が施行され、権利変換により補償金を取得するとき。㉛

三の三　防災街区整備事業による権利変換

資産につき密集市街地における防災街区の整備の促進に関する法律による防災街区整備事業が施行され、権利変換により補償金を取得するとき。㉜

三の四　都市計画法の市街地開発事業等予定区域内の買取り

土地等が都市計画法の規定に基づいて買い取られ、対価を取得する場合。㉝　　　　　　　　　　　　　㉞

三の五　土地区画整理事業で減価補償金を交付すべきこととなるものについての施行による買取り

土地区画整理法による土地区画整理事業で減価補償金を交付すべきこととなるものが施行される場合において、公共施設の用地に充てるべきものとしてその事業の施行区域内の土地等が買い取られ、対価を取得するとき。㉟

四　国等の50戸以上の住宅経営事業のための土地等の買い取り

国、地方公共団体、独立行政法人都市再生機構又は地方住宅供給公社が、自ら居住するため住宅を必要とする者に対し賃貸し、又は譲渡する目的で行う50戸以上の一団地の住宅経営に係る事業の用に供するため土地等が買い取られ、対価を取得する場合。

五　土地収用法等の規定による所有権以外の権利の消滅

資産が土地収用法等の規定により収用された場合において、その資産に関して有する所有権以外の権利が消滅し、補償金又は対価を取得するとき。㊱

㉛　都市再開発法91条

㉜　密集市街地における防災街区の整備の促進に関する法律226条

㉝　52条の4第1項（同法57条の5及び密集市街地における防災街区の整備の促進に関する法律285条において準用する場合を含む）又は56条1項

㉞　措法65条の3第1項2号、2号の2（特定土地区画整理事業等のために土地等を譲渡した場合の所得の特別控除）に掲げる場合を除く。

㉟　土地区画整理法109条1項

㊱　上記二の規定に該当する買取りがあった場合を含む。（例示　措通64(1)-6）
土地の収用等に伴い、その土地にある鉱区について設定されていた租鉱権、その土地について設定されていた採石権等が消滅し、補償金の交付を受けるとき等をいう。

六　都市再開発法による地役権等の消滅

資産に関して有する権利で都市再開発法に規定する権利変換により新たな権利に変換をすることのないものが，消滅し，補償金を取得する場合

六の二　密集市街地整備促進法による地役権等の消滅

資産に関して有する権利で密集市街地における防災街区の整備の促進に関する法律に規定する権利変換により新たな権利に変換をすることのないものが消滅し，補償金を取得する場合。

七　国等が行う公有水面の埋立て漁業権等の消滅

国若しくは地方公共団体等が行い，若しくは土地収用法に規定する事業の施行者がその事業の用に供するために行う公有水面埋立法の規定に基づく公有水面の埋立て又はその施行者が行うその事業の施行に伴う漁業権，入漁権その他水の利用に関する権利又は鉱業権の消滅により，補償金又は対価を取得する場合。

八　国等が行う処分による資産の買取り等

前各号に掲げる場合のほか，国又は地方公共団体が，次に掲げる法令の規定に基づき行う資産の買取り若しくは消滅により，又はこれらの規定に基づき行う買収の処分により補償金又は対価を取得する場合。

- ・建築基準法11条1項
- ・漁業法39条1項
- ・港湾法41条1項
- ・鉱業法53条(同法87条において準用する場合を含む)
- ・海岸法22条1項
- ・水道法42条1項
- ・電気通信事業法141条5項

(措令39⑬)

㊲　(例示　措通64(1)-7)
『～新たな権利に変換することのないもの』とは，例えば，地役権，工作物所有のための地上権又は貸借権をいう。

㊳　都市再開発法87条

㊴　都市再開発法91条

㊵　密集市街地における防災街区の整備の促進に関する法律221条

㊶　密集市街地における防災街区の整備の促進に関する法律226条

㊷　3条

㊸　租鉱権及び採石権その他土石を採掘し，又は採取する権利を含む。

㊹　これらの権利の価値の減少を含む。

㊺　価値の減少を含む。

㊻ 収用事業の施行会社等の株主，役員が収用等される場合は対象から除かれる。

㊼ 措令39条15項，法令138条1項

❸ 収用等とみなされる場合（措法64②）

次に掲げる場合とする。㊻
（措法64②各号）

一 土地収用法等の規定により使用される場合

次に掲げる事由において，その土地等の使用に伴ってその価値が著しく減少する場合に該当するとき。

・土地等が土地収用法等の規定に基づいて使用され，㊼補償金を取得する場合
・土地等について使用の申出を拒むときは土地収用法等の規定に基づいて使用されることとなる場合において，その土地等が契約により使用され，対価を取得するとき

二 収用等により土地等の上の資産の買取り等

土地等が次の規定に該当することとなったことに伴い，その土地の上にある資産につき，土地収用法等の規定に基づく収用をし，若しくは取壊し若しくは除去をしなければならなくなった場合において，これらの資産の対価又はこれらの資産の損失に対する補償金を取得するとき。

該当する規定一覧	
土地収用法等による収用	措法64①一
収用権発動が前提となる資産の買取り	措法64①二
土地区画整理事業等による換地処分	措法64①三
第一種市街地再開発事業による権利変換	措法64①三の二
防災街区整備事業による権利変換	措法64①三の三
土地収用法等の規定により使用される場合	措法64②一

7 収用等に伴い代替資産を取得した場合

土地改良事業等による土地等の交換による取得	措法65①二
土地区画整理事業等による施設住宅等に関する権利の取得	措法65①三
国等が行う処分による資産の買取り等	措法65①八，大深度地下の公共的使用に関する特別措置法第11条

【該当する補償金】（措令39⑰）

① 土地の上にある資産について土地収用法等の規定に基づき収用の請求をしたときは収用されることとなる場合において，その資産が買い取られ，対価を取得するとき

→ その資産の対価

② 土地の上にある資産について取壊し又は除去をしなければならなくなった場合において，その資産の損失に対する補償金を取得するとき

→ その資産の損失につき次に掲げる規定により受けた補償金等

・土地収用法88条
・河川法22条3項
・水防法28条2項
・土地改良法119条
・道路法69条1項
・土地区画整理法78条1項
・大都市地域における住宅及び住宅地の供給の促進に関する特別措置法71条
・新都市基盤整備法29条
・都市再開発法97条1項
・密集市街地における防災街区の整備の促進に関する法律232条1項

- 建築基準法11条1項
- 港湾法41条3項
- 大深度地下の公共的使用に関する特別措置法32条1項

4　土地収用法等の定義（措法33①一，措令22①）

次に掲げる法令を定義している。
- 土地収用法
- 河川法
- 都市計画法
- 首都圏の近郊整備地帯及び都市開発区域の整備に関する法律
- 近畿圏の近郊整備区域及び都市開発区域の整備及び開発に関する法律
- 新住宅市街地開発法
- 都市再開発法
- 新都市基盤整備法
- 流通業務市街地の整備に関する法律
- 水防法
- 土地改良法
- 森林法
- 道路法
- 住宅地区改良法
- 測量法
- 鉱業法
- 採石法
- 日本国とアメリカ合衆国との間の相互協力及び安全保障条約第6条に基づく施設及び区域並びに日本国における合衆国軍隊の地位に関する協定の実施に伴う土地等の使用等に関する特別措置法

関連条文 措法65（第3項を除く）

8 換地処分等に伴い資産を取得した場合

01 概　要

　法人の有する資産について土地収用法等の規定による換地処分等が行われた場合に，換地処分等により取得した資産につき，圧縮記帳を認めるものである。
　この規定は，清算中の法人についても適用が認められる。
　さらに，棚卸資産にも適用がある。

02 適用要件等
（措法65①）

① 法人の有する資産について土地収用法等の規定による換地処分等が行われたこと
② 換地処分等により交換取得資産を取得したこと
③ 交換取得資産の帳簿価額を損金経理により減額したこと

03 対象資産
（措法65①）

　詳細は「09 **1** 換地処分等の範囲」を参照。

> ！ 公共事業の施行者等からの配布資料や説明会等で得られる情報を活用することが有用だと考えられる。税務官署との事前協議を行った結果を踏まえた上での情報であるだろうし，適用のための添付書類も同様に施行者等を頼りに入手することになろうかと思われる。

> ！ 換地処分等の定義については，『09用語の定義』参照

> ！ 単に，圧縮記帳適用の可否判断だけでなく，他に適用の可能性がある特例の情報，各補償金の取扱い，消費税の課非判定，課税時期等の取扱いにも注意したい。また，収用等により補償金を得て代替資産等を取得せずに，物件を手放し賃貸に切り替えるかどうかの検討も欠かせない。その際には，5,000万円特別控除（措法65の2）の規定の適用を忘れないようにしたい。

04 圧縮限度額
(措法65①②，措令39の2③④)

❶ 交換取得資産のみ取得した場合

交換取得資産の価額 − (譲渡資産の譲渡直前の帳簿価額 + 譲渡経費)

❷ 交換取得資産とともに補償金等を取得した場合

> 補償金部分を排除して，譲渡益相当額を算出している

$$交換取得資産の価額 - \left\{ 譲渡資産の譲渡直前の帳簿価額 \times \frac{交換取得資産の価額}{交換取得資産の価額 + 補償金等の額} + 譲渡経費の額 \times \frac{交換取得資産の価額}{交換取得資産の価額 + 補償金等の額} \right\}$$

❸ 交換取得資産を取得し，交換差金を支出した場合

交換取得資産の価額 − (譲渡資産の譲渡直前の帳簿価額 + 交換差金等の額 + 譲渡経費)

05 経理方法
(措法65①)

直接減額方式

06 組織再編があった場合
(措法65⑤⑥)

　適格分割等により期中取得交換取得資産を分割承継法人等に移転させるときは，期中損金算入の規定の適用により圧縮記帳が可能となる。

　適格分割等の日以後2月以内に所定の事項を記載した[①]

---

① 適格分割等を行う場合の収用等又は収用換地等に伴い取得した資産の帳簿価額の減額又は設定した期中特別勘定に関する届出書及び提出書類の届出書

8　換地処分等に伴い資産を取得した場合

書類を所轄税務署長に提出しなければならない。

期中特別勘定についても同様に損金算入が可能となる。

07　手続規定
（措法65④，64④⑤）

以下の全ての要件を満たすこと。宥恕規定も設けられている。

① 確定申告書等に損金算入に関する申告の記載があること

② 損金算入額の計算に関する明細書の添付があること

② 別表十三（四）収用換地等に伴い取得した資産の圧縮額等の損金算入に関する明細書

③ 公共事業の施行者等から発行される一定の証明書の添付があること

08　重複適用の排除等

次の規定との重複適用が排除されている（措法65⑩，64⑥）。

③ 減価償却資産について政令で定める規定も同様に重複適用できない。

措置法	特例の名称
42の5	エネルギー環境負荷低減推進設備等を取得した場合の特別償却又は法人税額の特別控除
42の6	中小企業者等が機械等を取得した場合の特別償却又は法人税額の特別控除
42の9	沖縄の特定地域において工業用機械等を取得した場合の法人税額の特別控除
42の10	国際戦略特別区域において機械等を取得した場合の特別償却等又は法人税額の特別控除
42の11	国際戦略総合特別区域において機械等を取得した場合の特別償却又は法人税額の特別控除
42の12の2	国内の設備投資額が増加した場合の機械等の特別償却又は法人税額の特別控除

42の12の3	特定中小企業者等が経営改善設備を取得した場合の特別償却又は法人税額の特別控除
42の12の5	生産性向上設備等を取得した場合の特別償却又は法人税額の特別控除
43	特定設備等の特別償却
43の2	耐震基準適合建物等の特別償却
44	関西文化学術研究都市の文化学術研究地区における文化学術研究施設の特別償却
44の3	共同利用施設の特別償却
44の4	特定農産加工品生産設備等の特別償却
44の5	特定信頼性向上設備等の特別償却
45	特定地域における工業用機械等の特別償却
45の2	医療用機器等の特別償却
46の3	次世代育成支援対策に係る基準適合認定を受けた場合の建物等の割増償却
47	サービス付き高齢者向け賃貸住宅の割増償却
47の2	特定再開発建築物等の割増償却
48	倉庫用建物等の割増償却
52の3	準備金方式による特別償却

※震災関連のもの等は，記載していない。

　この規定の適用を受けた場合には，収用換地等の場合の所得の特別控除，いわゆる5,000万円控除の規定の適用を受けることはできない（措法65の2）。

09 用語の定義

■ 換地処分等の範囲 (措法65①各号)

　次のそれぞれの収用，買取り，換地処分，権利変換又は交換があった場合で，それぞれに掲げる資産の取得が，適用対象となる。

8 換地処分等に伴い資産を取得した場合

【措法65①各号】

一 土地収用法等の規定による収用があった場合

資産につき土地収用法等の規定による収用があった場合。

【取得資産】
その資産と同種の資産

> ! 同種の資産区分は、『7 収用等に伴い代替資産を取得した場合』03 **2** 区分の欄参照（指令39の2②③）

二 土地改良事業等による土地等の交換による取得

土地等につき、次に掲げる事業が施行され交換が行われた場合。

・土地改良法による土地改良事業
・農業振興地域の整備に関する法律に係る事業 ④

【取得資産】
その交換により取得する土地

④ 13条の2第1項

三 土地区画整理事業等による施設住宅等に関する権利の取得

土地等につき、次に掲げる事業が施行された場合。

・土地区画整理法による土地区画整理事業
・新都市基盤整備法による土地整理
・土地改良法による土地改良事業
・大都市地域住宅等供給促進法による住宅街区整備事業

【取得資産】
その土地等に係る換地処分により取得した次に掲げる資産

・土地等
建築物の一部及びその建築物の存する土地の共有持分 ⑤
・施設住宅の一部等 ⑥
・施設住宅若しくは施設住宅敷地に関する権利 ⑦

⑤ 土地区画整理法93条1項、2項、4項若しくは5項

⑥ 大都市地域住宅等供給促進法74条1項

⑦ 大都市地域住宅等供給促進法90条2項

71

四　第一種市街地再開発事業等による施設建築物の一部を取得する権利の取得

　① 資産につき都市再開発法による第一種市街地再開発事業が施行された場合（②に掲げる場合を除く）

　【取得資産】

　　その資産に係る権利変換により取得する施設建築物の一部を取得する権利及び施設建築敷地若しくはその共有持分若しくは地上権の共有持分

　② ①において，その資産に係る権利変換が都市再開発法110条1項の規定により定められた権利変換計画において定められたものである場合

　【取得資産】

　　施設建築敷地又は施設建築物に関する権利

　③ 資産が都市再開発法による第二種市街地再開発事業の施行に伴い買い取られ，若しくは収用された場合（④に掲げる場合を除く）

　【取得資産】

　　その買取り，収用の対償として建築施設の部分の給付を受ける権利[8]

　④ ③において，その給付が管理処分計画において定められたものである場合[9]

　【取得資産】

　　施設建築敷地又は施設建築物に関する権利の給付

五　防災街区整備事業による権利変換による施設建築物の一部を取得する権利等の取得

　① 資産につき密集市街地における防災街区の整備の促進に関する法律による防災街区整備事業が施行された場合（②に掲げる場合を除く）

　【取得資産】

　　その資産に係る権利変換により取得する防災施設

[8] 都市再開発法118条の11第1項

[9] 都市再開発法118条の25の2第1項

建築物の一部を取得する権利及び防災施設建築敷地若しくはその共有持分若しくは地上権の共有持分又は個別利用区内の宅地若しくはその使用収益権
② ①において，その資産に係る権利変換が同法255条から257条までの規定により定められた権利変換計画において定められたものである場合

【取得資産】
　防災施設建築敷地若しくは防災施設建築物に関する権利又は個別利用区内の宅地に関する権利

六　マンション建替事業による再建マンションに関する権利を取得する権利等の取得

施行マンションに関する権利及びその敷地利用権につき⑩に規定するマンション建替事業⑪が施行された場合

【取得資産】⑫
　その資産に係る同法の権利変換により施行再建マンションに関する権利を取得する権利⑬又はその施行再建マンションに係る敷地利用権⑪

⑩　マンションの建替え等の円滑化に関する法律2条1項6号，措令39の2第2項
⑪　マンションの建替え等の円滑化に関する法律2条1項16号
⑫　マンションの建替え等の円滑化に関する法律2条1項4号
⑬　マンションの建替え等の円滑化に関する法律2条1項7号

2　土地収用法等の定義（措法33①一，措令22①）

次に掲げる法令を定義している。

・土地収用法
・河川法
・都市計画法
・首都圏の近郊整備地帯及び都市開発区域の整備に関する法律
・近畿圏の近郊整備区域及び都市開発区域の整備及び開発に関する法律
・新住宅市街地開発法
・都市再開発法
・新都市基盤整備法

- 流通業務市街地の整備に関する法律
- 水防法
- 土地改良法
- 森林法
- 道路法
- 住宅地区改良法
- 測量法
- 鉱業法
- 採石法
- 日本国とアメリカ合衆国との間の相互協力及び安全保障条約第6条に基づく施設及び区域並びに日本国における合衆国軍隊の地位に関する協定の実施に伴う土地等の使用等に関する特別措置法

関連条文 措法65③, 64, 64の2

9 換地処分等に伴い交換取得資産とともに補償金等で資産を取得した場合（収用等に伴い代替資産を取得した場合（準用））

01 概要

土地収用法等の規定による換地処分等に係る交換取得資産を取得したうえ，補償金等も取得した場合で，その補償金等を原資として取得した代替資産に圧縮記帳を認めるものである。

適用対象資産，手続等は「収用等に伴い代替資産を取得した場合」①及び「同特別勘定規定」②と同様である。

そのため，換地処分等による交換取得資産の圧縮記帳と異なり，清算中の法人についてはこの規定の適用は認められない。

① 措法64条
② 措法64条の2

> 詳細は『7 収用等に伴い代替資産を取得した場合』参照

02 適用要件等

① 法人の有する資産について土地収用法等の規定による換地処分等が行われたこと
② 換地処分等により交換取得資産を取得したこと
③ 交換取得資産とともに補償金等を取得したこと
④ その補償金等の全部又は一部をもって代替資産を取得したこと
⑤ 代替資産について圧縮記帳経理をしたこと

03 圧縮限度額
(措法65③，措令39の2⑦⑧)

代替資産の取得価額×差益割合

(差益割合)

$$\frac{改定補償金の額 - 譲渡資産の譲渡直前の帳簿価額のうち補償金等に対応する額}{改定補償金の額}$$

(改定補償金の額)

対価補償金等の額 － (補償金等に係る経費の額 － 取得した譲渡経費の補てん金額)

(補償金等に係る経費の額)

$$譲渡経費 \times \frac{補償金等の金額}{交換取得資産の価額 + 取得した清算金の額}$$

(譲渡資産の譲渡直前の帳簿価額のうち補償金等に対応する額)

$$譲渡資産の譲渡直前の帳簿価額 \times \frac{補償金等の金額}{交換取得資産の価額 + 取得した清算金の額}$$

> ! 取得した代替資産部分を排除して，譲渡益相当額を算出している。

関連条文 措法65の7,65の8

10 特定の資産の買換えの場合の課税の特例
総論

01 概　要

　法人が対象期間内に一定の買換えを行うことにより，その買換資産に圧縮記帳の規定の適用を認めるものである。

　ただし，清算中の法人については適用が認められない。

　なお，特別勘定の規定を受ける法人については，解散の日を含む事業年度及び被合併法人の合併（適格合併を除く）の日の前日を含む事業年度においても適用がない。

号	対象となる買換え
1	既成市街地等外への買換え
2	市街化区域等外への農業用資産の買換え
3	航空騒音障害区域外への買換え
4	過疎地域内への買換え
5	都市機能誘導区域内への買換え
6	市街地再開発事業のための買換え
7	農地等の買換え
8	危険密集市街地内の買換え
9	長期所有資産の買換え（実質廃止）
10	船舶の買換え

（対象期間）
　昭和45年4月1日～平成29年3月31日
　＊9号譲渡資産については，平成10年1月1日～平成26年3月31日

> 長期所有資産の買換え（9号買換え）は，平成26年3月31日の期限到来後も，延長されていない。

02 適用要件等
（措法65の7①）

① 特例対象となる買換えを行うこと
② 買換え譲渡資産の譲渡は，対象期間内に行われたものであること
③ その取得の日から1年以内に，その取得した資産を所定の地域内にある法人の事業の用に供すること又は供する見込みであること①
④ その買換えによる取得資産について圧縮記帳経理をしたこと

① その事業年度においてその事業の用に供しなくなったときを除く。

⚠ 決算時の状況を要確認

03 対象資産と用語の定義

１ 対象資産の一覧表

特例の対象となる買換えについての譲渡資産及び買換資産は，次に掲げる表のそれぞれに掲げる資産とする。

号	譲渡資産	買換資産
1	**既成市街地等外への買換え** 既成市街地等内に所在する次に掲げる財産で所有期間が10年を超えるもの ①事務所等として使用する建物 ②その敷地の用に供されている土地等	既成市街地等以外の地域（国内に限る。以下この表において同じ）にある次に掲げる資産 イ　土地等 ロ　建物，構築物又は機械及び装置
2	**市街化区域等外への農業用資産の買換え** 市街化区域又は既成市街地等内にある農業の用に供される土地等，建物又は構築物	市街化区域及び既成市街地等以外の地域内にある農業用資産

78

3	航空騒音障害区域外への買換え 航空機騒音障害区域内にある土地等，建物又は構築物	航空機騒音障害区域以外の地域内にある一定の資産
4	過疎地域内への買換え 過疎地域以外にある土地等，建物又は構築物	過疎地域内にある特定資産
5	都市機能誘導区域内への買換え 都市機能誘導区域以外にある土地等，建物又は構築物	都市機能誘導区域内にある特定資産で誘導施設において行われる事業の用に供されるもの
6	市街地再開発事業のための買換え 既成市街地等及びこれに類する区域内にある土地等，建物又は構築物	左欄に掲げる区域内にある特定資産で，市街地再開発事業に関する都市計画の実施に伴い，その施策に従って取得をされるもの
7	農業地区域内にある土地等 特定農業法人が譲渡をする場合は、農用地利用集積計画によるものに限られる。	農用地区域内にある土地等で認定農業法人が農用地利用集積計画の定めるところにより取得をするもので一定のもの
8	危険密集市街地区内の買換え 密集市街地における防災再開発促進地区のうち危険密集市街地内にある土地等，建物又は構築物で，耐火建築物又は準耐火建築物を建築するために譲渡をされるもの	危険密集市街地区内にある土地等，建物又は構築物で，防災街区整備事業に関する都市計画の実施に伴い，その計画に従って取得をされるもの
10	船舶の買換え 船舶で一定期間内に譲渡されるもの	船舶（一定のものに限る）

＊土地等とは，土地及び土地の上に存する権利をいう。
＊建物には，その付属設備を含む。

② 『借地権の設定等により地価が著しく低下する場合の土地等の帳簿価額の一部損金算入』の規定（法令138①）に該当する場合
③ 法法2条12号の6
　従来は、適格現物分配のみであったが、平成26年度税制改正により適格であることに限られないこととなった。
④ 代物弁済は、金銭債務の弁済に代えてするものに限られる（措令39の7⑲）。逆に、それ以外の代物弁済については、この規定が適用されることになる。
⑤ 譲渡資産の帳簿価額を圧縮記帳の規定の適用がある部分とそれ以外の部分に区分する必要がある。次の算式による。
（算式）

譲渡資産の譲渡直前の帳簿価額 × 収受した譲渡対価の額 / 譲渡資産の譲渡時の価額

!
事業使用目的の保有土地等も、販売目的に転換されたと認められると対象外に

⑥ 1号買換え及び9号買換えの左欄の場合を除く。

2　譲渡の範囲 （措法65の7⑮一，措令39の7⑲）

譲渡には、土地等を使用させる行為で一定の場合が含まれる。②

収用等、贈与、交換、出資、現物分配、代物弁済による譲渡、③ 合併又は分割による資産の移転④ は譲渡の範囲には含まれない。

低額譲渡等（措通65の7(1)-4）

贈与については、時価と異なる価額での譲渡があった場合の取扱いが問題になるが、贈与等したと認められるときは、次によるものとされる。

① 低額譲渡の場合　譲渡価額による譲渡があったものとする。⑤

② 高額譲渡の場合　譲渡資産の時価額により譲渡があったものとする。

3　譲渡資産の範囲

① 棚卸資産を含まない。

② 土地の上に存する権利の意義（措通65の7(1)-6）
　土地の上に存する権利とは、地上権、永小作権、地役権又は土地の賃借権をいい、租鉱権、採石権等のように土地に附帯するものであっても土地そのものを利用することを目的としない権利は含まれない。

4　買換資産の範囲 （措法65の7⑮二，措令39の7⑲）

(1)　取得に含まれるもの

取得には、建設及び製作による取得が含まれる。

(2)　取得に含まれないもの

合併、分割、贈与、交換、出資、現物分配、代物弁済、③ 所有権移転外リース取引による取得は含まれない。⑥

10 特定の資産の買換えの場合の課税の特例　総論

(3) 土地等に係る面積制限（措法65の7②，措令39の7⑩）

買換資産（先行取得資産を含む）のうちに土地等がある場合，譲渡した土地等の面積の5倍を超える部分の面積に対応するものは，買換資産に該当しない。⑦

⑦　2号買換え（市街化区域等外への農業用資産の買換え）に係る農業用地で農業委員会が認定した場合　→　10倍

(4) 土地等に係る地域判定（措通65の7(1)-11）

その取得した土地等が所定の地域又は区域にあるかどうかは，その土地等を取得した時の現況による。

(5) 資本的支出（法令55①）

資本的支出は，新たな資産の取得とされる。

その有する資産の改良，改造等は，原則として買換資産の取得に当たらない。

【買換資産の取得に該当する改良，改造等】（措通65の7(1)-12）

① 新たに取得した買換資産について事業の用に供するために改良，改造等を行った場合⑧

② そのほか，例えば建物の増築，構築物の拡張又は延長等をした場合のように，その改良，改造等により実質的に新たな資産を取得したと認められる場合

⑧　その取得の日から1年以内に行った場合に限る。

5　事業の用に供したこと

(1) 判定（措通65の7(2)-1）

買換資産をその法人の事業の用に供したかどうかの判定は，次に掲げるところによる。

○　事業の用に供したと認められる
×　事業の用に供したと認められない

①

原則	○	土地の上にその法人の建物，構築物等の建設等をする場合
	×	土地の上の建物，構築物等がその法人の事業の用に供されない場合

81

②

原則	×	空閑地
	○	特別の施設がなくとも，物品置場，駐車場等として常時使用している土地で事業上の必要性が認められるもの

③

原則	○	工場等の用地
	×	必要なものとして合理的であると認められる部分以外の部分　⑨

⑨ 工場等の生産方式，生産規模等の状況より判断する。

④

原則	○	農場又は牧場等
	×	耕作能力，牧畜能力等から推定して必要以上に保有されている土地　⑩

⑩ 耕作，牧畜等の行為が社会通念上農業，牧畜業等に至らない程度のものであると認められる場合のその土地

⑤

原則	○	有植山林の相当面積にわたる取得により，社会通念上林業と認められる程度に至る場合におけるその土地
	×	林業と認められるに至らない場合 ⑪

⑪ 例：単なる雑木林の保有

⑥

原則	○	他に貸し付けている資産で貸付けが相当の対価を得て継続的に行われるもの
	×	貸付けを受けた者が正当な理由なくその資産をその貸付けの目的に応じて使用していない場合
	×	その貸付けが専ら圧縮記帳の適用を受けることを目的として行われたと認められる場合

10 特定の資産の買換えの場合の課税の特例 総論

⑦

原則	×	他に貸し付けている資産で貸付けが相当の対価を得ていないもの
	○	自己の商品等の下請工場、販売特約店等に対し、必要な施設として貸し付けられ実際に目的どおり使用されているもの
	○	工場、事業所等の従業員社宅、売店等として貸し付けているもの（役員に貸与する社宅は、⑥の取扱いにより判定する

(2) 事業の用に供した時期についての判定の例示（措通65の7(2)-2）

① 土地等

原則として、その土地等の上に存する建物、構築物等をその法人の事業の用に供した日、建物、構築物等の施設を要しないものはそのものの本来の目的のために使用を開始した日

② 建物、構築物並びに機械及び装置

そのものの本来の目的のために使用を開始した日⑫

⑫ その資産がその取得の日前からその法人において使用されているものであるときは、その取得の日

04 圧縮限度額

❶ 限度額計算（措法65の7①、⑮四）

圧縮基礎取得価額×差益割合×80％

（差益割合）

$$\frac{譲渡資産の譲渡対価の額 - \left(\begin{array}{c}譲渡資産の譲渡\\直前の帳簿価額\end{array} + \begin{array}{c}譲渡\\経費\end{array}\right)}{譲渡資産の譲渡対価の額}$$

❷ 圧縮基礎取得価額（措法65の7⑮三）

次に掲げるいずれか少ない金額をいう。

① その買換資産の取得価額

②　その買換資産に係る譲渡資産の譲渡対価の額

❸　譲渡経費の範囲 (措通65の7(3)-5, 65の7(3)-6)

　譲渡資産の譲渡に要した経費には，例えば，次に掲げるようなものが含まれる。

- ①　譲渡に要したあっ旋手数料，謝礼
- ②　譲渡資産が建物である場合の借家人に対して支払った立退料
- ③　譲渡資産の測量，所有権移転に伴う諸手続，運搬，修繕等の費用で譲渡資産を相手方に引き渡すために支出したもの
- ④　土地等の上にある資産又は建物内に施設されている資産をその土地等又は建物の譲渡に関する契約の一環として若しくはその譲渡のために取壊し又は除去を要する場合のその取壊し又は除去により生ずる損失の額 ⑬

⑬　これらの資産を移設する場合において，その取得価額に算入すべきものを除く。

05 経理方法
(措法65の7①)

直接減額方式
確定決算での積立金方式
決算期までの剰余金処分積立方式

06 譲渡年度後の圧縮記帳

　譲渡年度に買換資産の取得がされない場合は，特別勘定経理による損金算入が可能であり，その後一定期間内に買換資産を取得することにより特別勘定を取り崩したうえで，圧縮記帳を適用することができる。

10 特定の資産の買換えの場合の課税の特例 総論

◪ 特別勘定経理 （措法65の8）

(1) **要件** （措法65の8①）
   ① その譲渡をした日を含む事業年度の翌事業年度以後取得指定期間内に買換資産を取得する見込みであること
   ② その取得の日から1年以内にその買換資産を，所定の地域内にあるその法人の事業の用に供する見込みであること

> 対象期間は，通常の圧縮記帳と同様

(2) **設定期間** （取得指定期間）
   原則として，その譲渡をした事業年度の翌事業年度開始の日から同日以後1年を経過するまでの期間。
   やむを得ない事情があり，その1年内の取得が困難である場合に，所轄税務署長の承認を受けたときは，その1年を経過する日後2年以内において税務署長が認定した日までの期間。

(3) **繰入限度額計算**

$$\frac{譲渡資産の譲渡対価の額のうち買換}{資産の取得に充てようとする金額} \times 差益割合 \times 80\%$$

（差益割合）

$$\frac{譲渡資産の譲渡対価の額 - \left(\begin{array}{l}譲渡資産の譲渡\\直前の帳簿価額\end{array} + \begin{array}{l}譲渡\\経費\end{array}\right)}{譲渡資産の譲渡対価の額}$$

◪ 特別勘定の取り崩しと圧縮記帳

(1) **要件** （措法65の8⑦）
   取得指定期間内にその特別勘定に係る買換資産を取得し，その取得の日から1年以内に所定の地域内にあるその法人の事業の用に供したこと又は供する見込みであるときは，特別勘定を取り崩して，圧縮記帳をすることができる。

	(2) 圧縮記帳限度額
⑭ 通常の限度額計算と同様	圧縮基礎取得価額×差益割合×80% ⑭

07 先行取得資産の圧縮記帳

❶ 適用要件等（措法65の7③）

次の要件の全てに該当するときは，先行取得資産につき買換資産とみなして圧縮記帳が認められる。

① 譲渡資産の譲渡した日を含む事業年度開始の日前1年以内に買換資産の先行取得をすること

⑮ やむを得ない事情があると認められるときは3年（措令39の7⑪）	② その取得の日から1年以内に，その買換え資産を所定の地域内においてその法人の事業の用に供したこと又は供する見込みであること
⑯ 先行取得資産に係る買換えの特例の適用に関する届出書	③ 買換資産を取得した事業年度終了の日の翌日から2月以内に，所轄税務署長に所定の届出書を提出すること（措令39の7⑫，措通65の7(5)-2）。
⑰ 法法75条の2第1項	確定申告書の提出期限延長の規定を受けていても2月以内提出が必要となる。

> ！ 確定申告提出期限延長特例法人以外は，期限内の申告書提出と同時でOK!

❷ 重複適用の排除

① 重複適用の排除が，先行取得資産にも規定されている（措通65の7(3)-13）。

② 平成21年，22年に土地等を先行取得した場合の圧縮記帳の適用を受けた先行取得土地等については，この規定の適用はない（措法66の2⑤）。

❸ 圧縮記帳限度額

① 譲渡年度に買換資産を取得した場合の計算と同じである。

圧縮基礎取得価額×差益割合×80%

10 特定の資産の買換えの場合の課税の特例　総論

（差益割合）

$$\frac{譲渡資産の譲渡対価の額 - \left(\frac{譲渡資産の譲渡直前の帳簿価額}{} + \frac{譲渡経費}{}\right)}{譲渡資産の譲渡対価の額}$$

② 減価償却資産である場合（措令39の7⑳）

$$圧縮基礎取得価額 \times \frac{譲渡年度直前末日の買換資産の帳簿価額}{譲渡年度直前末日の買換資産の取得価額} \times 差益割合 \times 80\%$$

08 組織再編があった場合
（措法65の7⑨⑪，65の8②③）

　適格分割等によりその期中取得買換資産を分割承継法人等に移転させるときは，期中損金算入の規定の適用により圧縮記帳が可能となる。

　適格分割等の日以後2月以内に所定の事項を記載した書類を所轄税務署長に提出しなければならない。⑱

　期中特別勘定についても同様に損金算入が可能となる。

⑱　適格分割等による特定資産の買換えの場合における買換資産の帳簿価額の減額又は特定資産の譲渡に伴い設定をした期中特別勘定に関する届出書及び提出書類の届出書

09 手続規定

■1 圧縮記帳（措法65の7⑤⑥，措規22の7）

　以下の全ての要件を満たすこと。宥恕規定も設けられている。

　① 確定申告書等に損金算入に関する申告の記載があること

　② 損金算入額の計算に関する明細書の添付があること⑲

　③ 買換えの証明書の添付があること

⑲　別表十三（五）特定の資産の買換えにより取得した資産の圧縮額等の損金算入に関する明細書

2 特別勘定 (措法65の8⑯, 措規22の7⑩, 措通65の7(4)-8)

特別勘定を設定する場合は，上記（1）の要件の他にさらに，取得見込み資産の記載等をした書類を添付しなければならない。

⑳ 特定の資産の譲渡に伴う特別勘定を設けた場合の取得予定資産の明細書

10 重複適用の排除等

1 特別償却等との重複適用の排除

次の規定との重複適用が排除されている（措法65の7⑦，65の8⑯）。

㉑ 減価償却資産について政令で定める規定も同様に重複適用できない。

措置法	特 例 の 名 称
42の5	エネルギー環境負荷低減推進設備等を取得した場合の特別償却又は法人税額の特別控除
42の6	中小企業者等が機械等を取得した場合の特別償却又は法人税額の特別控除
42の9	沖縄の特定地域において工業用機械等を取得した場合の法人税額の特別控除
42の10	国際戦略特別区域において機械等を取得した場合の特別償却等又は法人税額の特別控除
42の11	国際戦略総合特別区域において機械等を取得した場合の特別償却又は法人税額の特別控除
42の12の2	国内の設備投資額が増加した場合の機械等の特別償却又は法人税額の特別控除
42の12の3	特定中小企業者等が経営改善設備を取得した場合の特別償却又は法人税額の特別控除
42の12の5	生産性向上設備等を取得した場合の特別償却又は法人税額の特別控除
43	特定設備等の特別償却
43の2	耐震基準適合建物等の特別償却
44	関西文化学術研究都市の文化学術研究地区における文化学術研究施設の特別償却
44の3	共同利用施設の特別償却

44の4	特定農産加工品生産設備等の特別償却
44の5	特定信頼性向上設備等の特別償却
45	特定地域における工業用機械等の特別償却
45の2	医療用機器等の特別償却
46の3	次世代育成支援対策に係る基準適合認定を受けた場合の建物等の割増償却
47	サービス付き高齢者向け賃貸住宅の割増償却
47の2	特定再開発建築物等の割増償却
48	倉庫用建物等の割増償却
52の3	準備金方式による特別償却

※震災関連のもの等は，記載していない。

【圧縮記帳をした資産についての特別償却等の不適用】（措通65の7(3)-11, 12)

　措置法の特別償却等の規定は，この特例の適用を受けた買換資産について手持資金の取得価額相当部分についてさえも適用されない。

　買換資産を事業の用に供せず，圧縮損の益金算入規定の適用を受けた場合には，適用可能となる。

㉒　措法46条及び46条の2の規定によるものを除く。

㉓　措法65条の7第4項，12項

2　交換により取得した農地等（措通65の7(1)29注）

　交換による土地等の譲渡に伴いその土地等に生立する果樹を譲渡した場合には，その果樹に係る譲渡についてのみこの規定の適用がある。

　その土地等に係る譲渡については，たとえ，換地処分又は収用換地に係る特例の規定の適用を受けないときにおいても，この規定の適用はない。

㉔　措法65条1項2号に規定されるもの

㉕　措法65条
㉖　措法65条の2

3　収用等による譲渡（措法65の7⑮一イ）

　収用等による譲渡には，この規定の適用はない。その

ため，収用等に係る特例との重複適用はない。

4 先行取得資産について（措法66の2⑤）

平成21年，22年に土地等を先行取得した場合の圧縮記帳の適用を受けた先行取得土地等については，この規定の適用はない。

5 本法交換特例との選択適用（措法65の9，措令39の7㊻，措通65の7(5)-1）

法人が，資産の交換について本法交換特例の規定を適用した場合には，その交換に伴って取得した交換差額については，この特例の規定の適用を受けることはできない。

㉗ 法法50条

6 不適用事業年度（措法65の7①，措法65の8①）

清算中の法人については，この規定の適用が認められない。

特別勘定の規定を受ける法人については，解散の日を含む事業年度及び被合併法人の合併（適格合併を除く）の日の前日を含む事業年度においても適用がない。

関連条文 措法65の7①一

11 特定の資産の買換えの場合の課税の特例 各論
～①既成市街地等外への買換え（1号買換え）

01 概要

既成市街地などの地域の外への事務所移転に圧縮記帳の適用がある。

号	譲渡資産	買換資産
1	既成市街地等外への買換え 既成市街地等内に所在する次に掲げる財産で所有期間が10年を超えるもの ①事務所等として使用する建物 ②その敷地の用に供されている土地等	既成市街地等以外の地域内（国内に限る）にある次に掲げる資産 イ　土地等 ロ　建物，構築物又は機械及び装置

02 既成市街地等
（措法65の7①一，措令39の7②，措通65の7(1)-23）

既成市街地等とは，次に掲げる地域をいう。

① 既成市街地[①]
② 既成都市区域[②]
③ 特別措置に関する法令に掲げる区域[③]

【対象除外】

『その譲渡資産の譲渡があった日の属する年の10年前の年の翌年1月1日以後に公有水面埋立法の規定による竣功認可のあった埋立地の区域』は対象から除かれる。

① 首都圏整備法2条3項
② 近畿圏整備法2条3項
③ 首都圏，近畿圏及び中部圏の近郊整備地帯等の整備のための国の財政上の特別措置に関する法律施行令別表

03 所有期間の計算
(措法65の7①一，措令39の7㉗)

1 期間計算

取得日の翌日から譲渡日の属する年の1月1日までの期間をいう。

一定の引継ぎ事由に該当すれば，いわゆる取得日の引継ぎも考慮され，所有期間がさかのぼって計算される。

【引継ぎ事由】

次に掲げる事由による資産の移転を受け入れをいう。

・適格合併，適格分割，適格現物出資，適格現物分配，特別の法律に基づく承継
・交換，収用等，換地処分等，特定の交換分合で圧縮記帳の特例を受けたこと
　④　　　⑤　　　⑥　　　⑦

2 借地権者に係る土地等の取得日 (措通65の7(1)-39)

譲渡資産が次に掲げる場合に該当するときは，それぞれ次に定める日が取得の日となる。

① 借地権に係る底地を取得したことにより借地権が消滅させた場合
・消滅した借地権に対応する部分
　→　その借地権の取得の日
・それ以外の部分　→　その土地の取得の日

② 借地権の返還を受けた場合
・支払った立退料等の額に対応する部分
　→　その返還を受けた日
・それ以外の部分　→　その土地の取得の日

---

④　法法50条1項，5項
⑤　措法64条1項，8項，64条の2第7項，8項，65条3項
⑥　措法65条1項，5項
⑦　措法65の10第1項，4項

04 買換資産
(措法65の7①一)

1 対象資産

土地等，建物，構築物又は機械及び装置が対象資産となる。

2 対象地域

農業及び林業の用に供される買換資産は，対象となる地域が異なる。

(1) 農業又は林業の用

市街化区域以外の地域内にあるものに限る。⑧

(2) それ以外の事業の用に供されるもの

① 市街化区域のうち区域区分を定めるものとされている区域にあるもの。⑧⑨

② 都市開発区域にあるもの⑩
※市街化調整区域を除く。⑪

2 買換資産に含まれるもの (措法65の7⑮二，措令39の7⑲)

合併，分割，贈与，交換，出資，現物分配，代物弁済，所有権移転外リース取引により取得した資産は，通常買換資産に含まれないが，この1号買換えには適用がある。⑫

05 事務所等として使用する資産の範囲

1 事務所等 (措法65の7①一，措令39の7②，措通65の7(1)-17)

事務所，工場，作業場，研究所，営業所，倉庫その他これらに類する施設をいい，福利厚生施設を除く。

---

⑧ 都市計画法7条1項

⑨ 都市計画法7条1項ただし書き

⑩ 首都圏整備法2条5項，近畿圏整備法2条5項，措令39の7③，中部圏開発整備法2条4項

⑪ 都市計画法7条1項

⑫ 法法2条12号の6
従来は，適格現物分配のみであったが，平成26年度税制改正により適格であることに限られないこととなった。

次に掲げるように事務所等の維持又はその効用を果たすために必要と認められる建物，その附属設備が含まれる。
- ・事務所等の構内にある守衛所，詰所，自転車置場，浴場その他これらに類するもの
- ・事務所等において使用する電力に係る発電所又は変電所の用に供する建物

❷ 福利厚生施設 (措通65の7(1)-18)

事務所等の対象にならない「福利厚生施設」とは，社宅，寮，宿泊所，集会所，診療所，保養所，体育館その他のスポーツ施設，食堂その他これらに類する施設が該当する。

❸ 使用休止建物の適用除外 (措通65の7(1)-16)

事務所等として使用されている建物（付属設備を含む）をいい，使用休止されているものは除かれる。

【判定時期】

その判定は，その建物を譲渡する時の現況によって行う。

使用を休止している建物でもその休止期間中必要な維持補修が行われておりいつでも使用し得る状態にあるものについては，その休止直前の状況によって判定する。

❹ 適用対象部分の按分計算 (措通65の7(1)-21)

一の建物が事務所等の用とその他の用に共用されている場合には，床面積の比等の合理的な基準によってその用途の異なるごとに区分する。

5 敷地の用に供されている土地等 (措通65の7(1)-19, 同20)

法人の事務所等として使用されている建物の敷地の用に供されている土地等をいう。

ただし，その建物の維持又はその効用を果たすために必要と認められる部分だけに限られる。建ぺい率，容積率，土地の利用状況等を総合的に勘案してその必要部分を限定する。

関連条文 措法65の7①二

12 特定の資産の買換えの場合の課税の特例 各論
～②市街化区域等外への農業用資産の買換え(2号買換え)

01 概　要

市街化区域等内の農業用資産を地域外への買換えに圧縮記帳を認める規定である。

号	譲渡資産	買換資産
2	市街化区域等外への農業用資産の買換え 市街化区域又は既成市街地等内にある農業の用に供される土地等，建物又は構築物	市街化区域及び既成市街地等以外の地域内にある農業用資産

02 対象地域の範囲等
(措法65の7①一，措令39の7②，措通65の7(1)-23)

市街化区域又は既成市街地等からその地域以外への買換えが対象となる。①

既成市街地等とは，次に掲げる地域をいう。

① 既成市街地②
② 既成都市区域③
③ 特別措置に関する法令に掲げる区域④

【対象除外】

『その譲渡資産の譲渡があつた日の属する年の10年前の年の翌年1月1日以後に公有水面埋立法の規定による竣功認可のあった埋立地の区域』は対象から除かれる。

① 都市計画法7条1項
② 首都圏整備法2条3項
③ 近畿圏整備法2条3項
④ 首都圏，近畿圏及び中部圏の近郊整備地帯等の整備のための国の財政上の特別措置に関する法律施行令別表

03 買換資産
(措法65の7①二)

　買換資産は，認定農業法人の農業の用に供される土地等，建物，構築物又は機械及び装置である。⑤

　土地等については，次に掲げるいずれかの土地等に限られる。

・買換え資産である土地等の面積が，譲渡資産である土地等に係る面積を超えるもの
・その法人が所有権，賃借権若しくは使用貸借による権利を有する土地に隣接する土地等に限る

⑤　農業経営基盤強化促進法12条1項に規定する農業経営改善計画に係る同項の認定を受けた法人

関連条文 措法65の7①三

13 特定の資産の買換えの場合の課税の特例 各論
～③航空騒音障害区域外への買換え(3号買換え)

01 概　要

航空機騒音障害区域の外への買換えに圧縮記帳を認める規定である。平成26年税制改正により，空港の設置者からの買取り等による譲渡が条件となった。

号	譲渡資産	買換資産
3	航空騒音障害区域外への買換え 航空機騒音障害区域内にある土地等，建物又は構築物	航空機騒音障害区域以外の地域内にある一定の資産

02 対象地域の範囲等
(措法65の7①三)

航空騒音障害区域とは，次に掲げる区域をいう。

・航空機騒音障害防止特別地区①
・第二種区域と規定される地域②

03 譲渡資産の範囲
(措法65の7①三)

土地等，建物又は構築物で一定の買取り等により譲渡されるものである。

土地等については，次のいずれか遅い日以後に取得されたものは除かれる。③

・平成26年4月1日
・その土地等のある区域が航空機騒音障外区域となっ

① 特定空港周辺航空機騒音対策特別措置法4条1項
② 公共用飛行場周辺における航空機騒音による障害の防止等に関する法律9条1項，防衛施設周辺の生活環境の整備等に関する法律5条1項

③ 贈与による取得を除く。

た日

04 買換資産
（措法65の7①一, 二, 三）

1 対象資産

　買換資産とは，土地等，建物，構築物又は機械及び装置である。

　農業又は林業の用に供されるものにあっては，市街化区域以外の地域内にあるものに限る。

④　都市計画法7条1項

2 買換資産に含まれるもの（措法65の7⑮二, 措令39の7⑲）

　合併，分割，贈与，交換，出資，現物分配，代物弁済，所有権移転外リース取引により取得した資産は，通常買換資産に含まれないが，この3号買換えには適用がある。

⑤　法法2条12号の6
　従来は，適格現物分配のみであったが，平成26年度税制改正により適格であることに限られないこととなった。

関連条文 措法65の7①四

14 特定の資産の買換えの場合の課税の特例 各論
～④過疎地域内への買換え（4号買換え）

01 概　要

過疎地域内に買換えをした場合に，圧縮記帳を認める規定である。平成26年度税制改正により，新たに設けられている。

号	譲渡資産	買換資産
4	過疎地域内への買換え 過疎地域以外にある土地等，建物又は構築物	過疎地域内にある特定資産

02 過疎地域
（措法65の7①四，措令39の7③）

規定の対象となる過疎地域の範囲は，過疎地域のうち，次に掲げる区域を除いたものをいう。①
　①　過疎地域に係る市町村の廃置分合又は境界変更に伴い新たに過疎地域に該当することとなった区域②
　②　市街化調整区域の規定に基づいてその他政令で定める区域③

① 過疎地域自立促進特別措置法2条1項

② 過疎地域自立促進特別措置法33条1項

③ 都市計画法7条1項

03 譲渡資産
（措令39の7④）

譲渡資産は，上記02の地域以外の地域内にある土地等，建物又は構築物であるが，既成市街地等内にあるものは，事務所若しくは事業所（事務所等という）として

使用されている建物又はその敷地の用に供されている土地等に限られる。

1 事務所等 (措令39の7④, 措通65の7(1)-17)

事務所，工場，作業場，研究所，営業所，倉庫その他これらに類する施設をいい，福利厚生施設を除く。

また，次に掲げるように事務所等の維持又はその効用を果たすために必要と認められる建物又はその附属設備が含まれる。

- 事務所等の構内にある守衛所，詰所，自転車置場，浴場その他これらに類するもの（附属設備を含む）
- 事務所等において使用する電力に係る発電所又は変電所の用に供する建物（附属設備を含む）

> 通達については，平成26年税制改正前の規定（5号買換え）をそのまま参照

2 福利厚生施設 (措通65の7(1)-18)

事務所等の対象にならない「福利厚生施設」とは，社宅，寮，宿泊所，集会所，診療所，保養所，体育館その他のスポーツ施設，食堂その他これらに類する施設が掲げられる。

3 適用対象部分の按分計算 (措通65の7(1)-21)

一の建物が事務所等の用とその他の用に共用されている場合には，床面積の比等の合理的な基準によってその用途の異なるごとに区分する。

4 敷地の用に供されている土地等 (措通65の7(1)-19, 同20)

法人の事務所等として使用されている建物の敷地の用に供されている土地等をいう。

ただし，その建物の維持又はその効用を果たすために

必要と認められる部分だけに限られる。建ぺい率，容積率，土地の利用状況等を総合的に勘案してその必要部分を限定する。

04 買換資産
(措法65の7①四)

　買換資産は，過疎地域内にある特定資産である。
　特定資産とは，土地等，建物，構築物又は機械及び装置をいう。

関連条文 措法65の7①五

15 特定の資産の買換えの場合の課税の特例 各論
～⑤都市機能誘導区域内への買換え(5号買換え)

01 概　要

　都市機能誘導区域内に買換えをした場合に，圧縮記帳①を認める規定である。平成26年税制改正により新設された。

① 都市再生特別措置法95条1項（以下，同じ。）

号	譲渡資産	買換資産
5	都市機能誘導区域内への買換え 都市機能誘導区域以外にある土地等，建物又は構築物	都市機能誘導区域内にある特定資産で誘導施設において行われる事業の用に供されるもの

02 買換資産
（措法65の7①五、四）

　買換え資産は，都市機能誘導区域内にある特定資産で，その都市機能誘導区域内における誘導施設等整備事業に係る認定誘導事業計画に記載された誘導施設において行われる事業の用に供されるものである。

　特定資産とは，土地等，建物，構築物又は機械及び装置をいう。

② 都市再生特別措置法95条1項
③ 都市再生特別措置法99条

関連条文 措法65の7①六

16 特定の資産の買換えの場合の課税の特例 各論 〜⑥市街地再開発事業のための買換え（6号買換え）

01 概　要

市街地再開発事業に関する都市計画の実施に伴ってなされた買換えについて，圧縮記帳を認めるものである。

号	譲渡資産	買換資産
6	市街地再開発事業のための買換え 既成市街地等及びこれに類する区域内にある土地等，建物又は構築物	左欄に掲げる区域内にある特定資産で，市街地再開発事業に関する都市計画の実施に伴い，その施策に従って取得をされるもの

02 対象地域の範囲
（措法65の7①一，措令39の7②⑤，措通65の7(1)-23）

譲渡資産は，既成市街地及びこれに類する区域内に所①在するものである。

既成市街地等とは，次に掲げる地域をいう。

① 既成市街地
② 既成都市区域
③ 特別措置に関する法令に掲げる区域

【対象除外】

『その譲渡資産の譲渡があつた日の属する年の10年前の年の翌年1月1日以後に公有水面埋立法の規定による竣功認可のあつた埋立地の区域』は対象から除かれる。

① 人口が集中する地区として一定の区域（指令39の7⑤）
② 首都圏整備法2条3項
③ 近畿圏整備法2条3項
④ 首都圏，近畿圏及び中部圏の近郊整備地帯等の整備のための国の財政上の特別措置に関する法律施行令別表

03 買換資産
（措法65の7①四,六，措令39の7⑤）

　買換資産は，特定資産で市街地再開発事業による都市計画の実施に伴い，これに従って取得されるものをいう。

　買換資産である特定資産とは，土地等，建物，構築物又は機械及び装置をいう。

【対象除外】

① 再開発会社が施行する市街地再開発事業において，権利変換計画又は管理処分計画による一定の買取りを行う場合のその買取資産。

② 建物のうち次に掲げるもの及びその敷地の用に供される土地等

イ　地上階数4以上の中高層耐火建築物以外の建物

ロ　住宅の用に供される部分が含まれる建物のうち住宅用に供される部分

⑤ 都市再開発法によるもので，その施行される土地の区域の面積が5,000m²以上であるものに限られる。

⑥ 都市再開発法50条の2第3項
⑦ 都市再開発法73条1項
⑧ 都市再開発法118条の7第1項
⑨ その附属設備を含む
⑩ 土地又は土地の上に存する権利をいう。
⑪ 建築基準法2条9号の2

関連条文 措法65の7①七

17 特定の資産の買換えの場合の課税の特例 各論
～⑦農地等の買換え（7号買換え）

01 概　要

　認定農業法人が農用地利用集積計画の定めるところにより取得をする農用地区内にある土地等について，圧縮記帳を認めるものである。

号	譲渡資産	買換資産
7	**農用地区域内にある土地等** 特定農業法人が譲渡をする場合は，農用地利用集積計画によるものに限られる	農用地区域内にある土地等で認定農業法人が農用地利用集積計画の定めるところにより取得するもので一定のもの

02 農用地区域の範囲
（措法65の7①七）

　農用地区域とは，農業振興地域整備計画における農用地区域をいう。
　①　　　　　　　　　　　　　　　　　　　②

① 農業振興地域の整備に関する法律8条1項
② 農業振興地域の整備に関する法律8条2項1号

③ 農業経営基盤強化促進法23条3，7項
④ 農業経営基盤強化促進法23条4項
⑤ 農業経営基盤強化促進法23条2項2号
⑥ 農業経営基盤強化促進法19条，公告があったもの

03 譲渡資産
（措法65の7①七）

　農業振興地域整備計画において農用地区域として定められている区域内にある土地等が，譲渡資産となる。
　特定農用地利用規程に定める特定農業法人が譲渡をする場合にあっては，その特定農用地利用規程に定められた農用地利用改善事業の実施区域外にある土地等で農用地利用集積計画の定めるところにより譲渡をされるもの

106

に限られる。

04 買換資産
(措法65の7①七)

　農用地区域内にある土地等で認定農業法人が農用地利用集積計画の定めるところにより取得をするものが, 買換え資産となる。

　その認定農業法人が特定農業法人に該当する場合にあっては, 特定農用地利用規程に定められた農用地利用改善事業の実施区域内にあるもので, 次に掲げる条件のいずれかを満たすものに限られる。

　①　その面積が譲渡資産である土地等に係る面積を超えるもの
　②　その認定農業法人が所有権, 賃借権若しくは使用貸借による権利を有する土地に隣接するもの

⑦　農業経営基盤強化促進法12条1項に規定する農業経営改善計画に係る同項の認定を受けた法人

05 交換による取引
(措通65の7(1)-29)

　譲渡資産に係る「土地等の譲渡」又は買換資産に係る「土地等の取得」には, 交換による譲渡を含み, 又は交換による取得を含むものとする。

【換地処分等の特例に係る交換】

　措置法の交換特例対象となる交換による土地等の譲渡に伴いその土地等に生立する果樹を譲渡した場合には, その果樹に係る譲渡についてのみ, この規定の適用がある。

　その土地等に係る譲渡については, たとえ, 他の特例の規定の適用を受けないときにおいても, この規定の適用はないことに留意する。

⑧　措法65条1項2号
⑨　措法65条又は65条の2

関連条文 措法65の7①ハ

18 特定の資産の買換えの場合の課税の特例 各論
～⑧危険密集市街地内の買換え（8号買換え）

01 概　要

防災再開発促進地区内における防災街区整備事業に関する都市計画の実施に伴ってなされた買換えについて，圧縮記帳を認めるものである。平成26年度税制改正により対象地域が防災再開発促進地区内から，さらに危険密集市街地内に絞りこまれている。

号	譲渡資産	買換資産
8	**危険密集市街地内の買換え** 密集市街地における防災再開発促進地区のうち危険密集市街地内にある土地等，建物又は構築物で，耐火建築物又は準耐火建築物を建築するために譲渡されるもの	危険密集市街地内にある土地等，建物又は構築物で，防災街区整備事業に関する都市計画の実施に伴い，その計画に従って取得をされるもの

① 防災街区の整備の促進に関する法律3条1項1号

02 買換資産
（措法65の7①ハ，措令39の7⑥）

危険密集市街地内にある防災街区整備事業に関する都市計画の実施に伴い，その計画に従って取得をされる耐火建築物等である。

事業会社が防災街区整備事業施行に伴う権利変換計画の定めにより取得する防災施設建築敷地又はその共有持分，防災施設建築物の一部等及び個別利用区内の宅地が除かれる。

② 密集市街地における防災街区の整備の促進に関する法律165条3項
③ 密集市街地における防災街区の整備の促進に関する法律205条1項
④ 密集市街地における防災街区の整備の促進に関する法律205条1項19号

03 用語の定義
（措法65の7①八，措令39の7⑥）

(1) 危険密集市街地
　防災再開発促進地区のうち地震その他の災害が発生した場合に著しく危険な地区として国土交通大臣が定める基準に該当する地区であって国土交通大臣が指定する地区。

(2) 耐火建築物等
　危険密集市街地区内に建築される耐火建築物⑤又は準耐火建築物⑥であり，その建物の建築主の申請に基づき都道府県知事が認定⑦したものをいう。

⑤　建築基準法2条9号の2
⑥　建築基準法2条9号の3
⑦　建築基準法2条16号

関連条文 措法65の7①十

19 特定の資産の買換えの場合の課税の特例 各論 ～⑩船舶の買換え（10号買換え）

01 概　要

　一定の船舶の買換えについて，圧縮記帳を認めるものである。平成26年度税制改正により，譲渡資産の船舶に期間要件が加わる等の改正がなされている。

号	譲渡資産	買換資産
10	船舶の買換え 船舶で一定の期間内に譲渡されるもの	船舶（一定のものに限る）

02 船舶の意義
（措法65の7①十，措通65の7(1)-31）

　譲渡資産，買換資産とも，船舶法第1条に規定する日本船舶に限る。
　サルベージ船，工作船，起重機船その他の作業船にあっては，自力で水上を航行しないものも含まれる。
【船舶に含まれないもの】
　いわゆるかき船，海上ホテル等のようにその形状及び構造が船舶に類似していても主として建物又は構築物として用いることを目的として構造（改造を含む）されたもの

03 譲渡資産の期間要件
（措法65の7①十，措令39の7⑧）

　譲渡資産は，その進水の日からその譲渡の日までの期

19 各論　船舶の買換え（10号買換え）

間が次に掲げる船舶の区分ごとにそれぞれに定める期間に満たないものが対象になる。

① 海洋運輸業，沿海運輸業又は漁業の用に供されている船舶
→ 25年
② 上記①以外の船舶
→ 45年

① 本邦の港と本邦以外の地域の港との間又は本邦以外の地域の各港間において船舶により人又は物の運送をする事業
② 本邦の各港間において船舶により人又は物の運送をする事業
③ 水産動植物の採捕又は養殖の事業

04 買換資産である船舶
（措令39の7⑨）

① 環境への負荷の低減に資する船舶として国土交通大臣及び農林水産大臣が財務大臣と協議して指定するものをいう。
② 船齢が譲渡船舶の進水の日からその譲渡船舶の譲渡の日までの期間に満たないもののうち環境への負荷の低減に資する船舶として国土交通大臣及び農林水産大臣が財務大臣と協議して指定する船舶

　ただし，次に掲げる船舶にあっては，それぞれ次に定めるものに限られる。

イ　漁業の用に供される船舶
→ その船齢が15年に満たないもの
ロ　海洋運輸業，沿海運輸業又は漁業以外の事業の用に供されている船舶
→ その船齢が耐用年数以下であるもの

!
建造引当権部分の金額は譲渡対価と区分！

④ その進水の日から取得の日までの期間

⑤ 法人税法の規定により定められている耐用年数

【日本船籍】（措通65の7(1)-32）

　買換資産である船舶は日本船籍に限られる。外国船籍であった船舶を取得し，日本船舶として登録した上運航の用に供した船舶も含まれる。

111

関連条文 震災特例法19～21

20 特定の資産の買換えの場合の課税の特例 各論
～東日本大震災に係る特定の資産の買換え

01 概　要

東日本大震災により被災した区域の復興に貢献する買換えが行われた場合に，圧縮記帳を認めようとするものである。限度額計算が通常の場合と異なる。

・対象資産（震特法19①）

号	譲渡資産	買換資産
1	被災区域である土地若しくはその土地の上に存する権利又はこれらとともに譲渡をするその土地の区域内にある建物若しくは構築物で，その法人により平成23年3月11日前に取得（建設を含む。）がされたもの	国内にある土地等又は国内にある事業の用に供される減価償却資産
2	被災区域である土地以外の土地の区域（国内に限る。）内にある土地等，建物又は構築物	被災区域である土地若しくはその土地の上に存する権利又はその土地の区域内にある事業の用に供される減価償却資産

＊表中の建物には，その付属設備を含む。

02 適用要件等
（震特法19①）

① 法人が，対象期間内に，その有する所定の資産を譲渡したこと
② 平成23年3月11日から平成28年3月31日までの

期間に行われた譲渡であること
③　その譲渡をした日を含む事業年度において所定の資産の取得をする見込みであること
④　その取得の日から1年以内にその取得をした資産を所定の地域内にあるその法人の事業の用に供したとき又は，供する見込みであること①
⑤　圧縮限度額以内の金額を圧縮記帳経理したこと

①　2号の買換資産である被災区域である土地等については，その法人の事業の用

03 対象資産の範囲等

1　被災区域（震特法18①，19①表の1，震災特例通達18-8）

　被災区域とは，東日本大震災により滅失をした建物又は構築物の敷地及びその建物又は構築物と一体的に事業の用に供される附属施設の用に供されていた土地の区域をいう。

＊「滅失」には，通常の修繕によっては原状回復が困難な損壊を含む。

2　建物又は構築物と一体的に事業の用に供される附属施設

　滅失をした建物又は構築物と機能的及び地理的な一体性を有して事業の用に供される施設をいう。

　例えば，滅失をした工場の構内にある守衛所，詰所，自転車置場，浴場その他これらに類する施設又は滅失をした建物に隣接する駐車場等の施設がこれに該当する。

＊附属施設は，滅失をしたものであるかどうかは問わない。

❸ 平成23年3月11日前に取得されたもの（震災特例通達19-1）

　法人が，平成23年3月11日前に取得をした土地等の上に同日以後に建設をした建物又は構築物をその土地等とともに譲渡しても，その建物又は構築物は譲渡資産に該当しない。

　その土地等のみが譲渡資産に該当する。

＊平成23年3月11日前に取得されたかどうかの判定にあたっても，措置法買換特例の適格合併等があった場合等の，いわゆる「取得日の引継ぎ」が認められる（震災特例法令19⑳，措令39の7㊴）。

❹ 買換資産の面積制限（震特法19②，震災特例法令19③）

　買換資産である土地等に係る面積が，譲渡資産である土地等に係る面積の5倍までと制限される。

04 圧縮限度額
（震特法19①）

圧縮基礎取得価額　×　差益割合

＊通常の買換えと異なり，80％を乗ずる必要がない。

関連条文 措法65の9

21 特定の資産の買換えの場合の課税の特例 各論 〜特定の資産の交換

01 概　要
（措法65の9①）

　譲渡資産と取得資産の交換があった場合には，その交換の日に時価相当額により交換譲渡資産の譲渡と交換取得資産の取得があったものとみなして，『特定の資産の買換えの場合の課税の特例』（措法65の7）の規定を適用するものである。

＊譲渡資産と対象外の資産の交換をした場合でも，収受した交換差金の部分については，この特例の適用が可能となる（措法65の9①，措令39の7㊼）。

02 重複適用の排除

１　交換規定の選択適用

　次に掲げる規定の適用を受ける交換は含まれない（措法65の9，措令39の7㊻）。

本法	50①⑤	交換により取得した資産の課税の特例
措法	65①二〜六	換地処分等に伴い資産を取得した場合の課税の特例

＊本法交換との選択適用（措通65の7(5)-1）
　法人が，資産の交換について法人税法第50条の交換の規定を適用した場合には，その交換に伴って取得した交換差額については，この特例の適用を受けることはできない。

115

2 収用等をされた資産についての適用除外(措通65の7(1)-3)

譲渡資産について次に掲げる規定の適用を受けることができる場合には，法人がこれらの規定の適用を受けないときにおいても，この特例の適用はない。

措置法	特例名称
64	収用等に伴い代替資産を取得した場合の課税の特例
64の2	収用等に伴い特別勘定を設けた場合の課税の特例
65	換地処分等に伴い資産を取得した場合の課税の特例
65の2	収用換地等の場合の所得の特別控除

3 不適用事業年度 (措法65の9①，65の7①)

清算中の法人については，この規定の適用が認められない。

関連条文 措法65の10

22 特定の交換分合により土地等を取得した場合の課税の特例

01 概　要

　法人の有する土地等について所定の交換分合が行われた場合に，その取得した土地等について，圧縮記帳を認めるものである。

　この規定は，清算中の法人については適用が認められない。本法交換（法法50）と異なり，交換差額20％制限規定がない。

対象となる交換分合	
1号	農振法による交換分合 ①
2号	集落地域整備法による交換分合 ②
3号	農住組合法による交換分合 ③

①　農業振興地域の整備に関する法律13条の2第2項
②　集落地域整備法11条1項
③　農住組合法7条2項3号

02 適用要件等
（措法65の10①）

①　法人の有する土地等について所定の交換分合が行われたこと　④　⑤
②　取得した土地等（交換取得資産）につき，圧縮限度額の範囲内で圧縮記帳経理したこと

④　土地又は土地の上に存する権利
⑤　土地等とともに取得した一定の清算金を取得した場合を含む。

> ！本法交換（法法50）と異なり，差額20％制限規定がない

117

03 対象資産の範囲等

■1 適用区域 （措法65の10①三，措令39の8②）

3号交換分合の適用区域は，平成3年1月1日において次に掲げる区域に該当する区域である。

① 都の特別区域
② 首都圏，近畿圏又は中部圏内にある指定都市の区域
　⑥　　⑦　　⑧　　　　　　⑨
③ その全部又は一部が，既成市街地若しくは近郊整備地帯，既成都市区域若しくは近郊整備区域又は都
　　　　　　　　⑩　　　　　　　　⑪
市整備区域内にあるものの区域（②に掲げる市以外
　⑫　　　　　　⑬　　　　　⑭
の市に限る）

■2 譲渡資産である土地等 （措法65の10①三，措令39の8③）

棚卸資産は除かれる。

3号交換分合の譲渡資産については，次に掲げる法人が所有する土地等に限られる。

① 農住組合の組合員である法人
② 農住組合の組合員以外の法人で，認可された交換分合計画において定める土地の所有権（その土地の
　　　　　　　　　　　　　　　　⑮
上に存する権利を含む）を有するもの

■3 譲渡の範囲 （措法65の10①かっこ書，措令39の8①）

譲渡には，土地等を使用させる行為で一定の場合が含
　　　　　　　　　　　　　　　⑯
まれる。

＊他の特例の適用を受けるものは，譲渡に含まれない（詳細後述）。

---

⑥　首都圏整備法2条1項
⑦　近畿圏整備法2条1項
⑧　中部圏開発整備法2条1項
⑨　地方自治法252条の19第1項
⑩　首都圏整備法2条3項
⑪　首都圏整備法2条4項
⑫　近畿圏整備法2条3項
⑬　近畿圏整備法2条4項
⑭　中部圏開発整備法2条3項

⑮　農住組合法9条1項

⑯　『借地権の設定等により地価が著しく低下する場合の土地等の帳簿価額の一部損金算入』の規定（法令138①）に該当する場合

118

04 圧縮可能限度額
(措法65の10①②，措令39の8④⑤)

1 交換差金等がない場合

交換取得資産の価額 − (交換譲渡資産の譲渡直前の帳簿価額 + 譲渡経費)

2 ともに清算金を取得した場合

交換取得資産の価額 − (交換譲渡資産の譲渡直前の帳簿価額 × $\dfrac{\text{交換取得資産の価額}}{\text{交換取得資産の価額} + \text{取得した清算金の額}}$

+ 譲渡経費 × $\dfrac{\text{交換取得資産の価額}}{\text{交換取得資産の価額} + \text{取得した清算金の額}}$)

> ！ 清算金部分を排除して，譲渡益相当額を算出している

3 交換差金等を交付した場合

交換取得資産の価額 − (交換譲渡資産の譲渡直前の帳簿価額 + 支出した清算金の額 + 譲渡経費)

05 経理方法
(措法65の10①)

直接減額方式

06 組織再編があった場合
(措法65の10④⑥)

　適格分割等により交換分合により取得した交換取得資産を分割承継法人等に移転させるときは，期中損金算入の規定の適用により直接減額方式による圧縮記帳が可能となる。

⑰ 適格分割等による特定の交換分合に伴い土地等を取得した場合における交換取得資産の帳簿価額の減額に関する届出書及び提出書類の届出書

適格分割等の日以後2月以内に所定の事項を記載した書類を所轄税務署長に提出しなければならない。⑰

07 手続規定
（措法65の10③，65の7⑤⑥，措規22の8①）

以下の全ての要件を満たすこと。宥恕規定も設けられている（措法65の10③）。

① 確定申告書等に損金算入に関する申告の記載があること

② 損金算入額の計算に関する明細書の添付があること⑱

⑱ 別表十三（六）特定の交換分合により取得した土地等の圧縮額の損金算入に関する明細書

③ 土地等の登記事項の証明書及び交換分合計画の写しの添付があること

④ 農住組合法による交換分合（措法65の10①三）である場合には，さらに，圧縮記帳が認められる区域内であることを明らかにする書類の添付があること

08 重複適用の排除等

１ 重複適用排除

① 農振法による交換分合（措法65の10①一），集落地域整備法による交換分合（措法65の10①二）の土地等の譲渡には，次に掲げる規定の適用を受けたものは除かれる。

22 特定の交換分合により土地等を取得した場合の課税の特例

措置法	特例名称
65の3	特定土地区画整理事業等のために土地等を譲渡した場合の所得の特別控除
65の4	特定住宅地造成事業のために土地等を譲渡した場合の所得の特別控除
65の5	農地保有の合理化のために農地等を譲渡した場合の所得の特別控除
65の5の2	特定の長期所有土地等の所得の特別控除
65の7	特定の資産の買換えの場合の課税の特例
65の8	特定の資産の譲渡に伴い特別勘定を設けた場合の課税の特例
65の9	特定の資産を交換した場合の課税の特例

② 農住組合法による交換分合(措法65の10①三)の土地等の譲渡には,次に掲げる規定の適用を受けたものは除かれる。

措置法	特例名称
64	収用等に伴い代替資産を取得した場合の課税の特例
64の2	収用等に伴い特別勘定を設けた場合の課税の特例
65の2	収用換地等の場合の所得の特別控除
65の3	特定土地区画整理事業等のために土地等を譲渡した場合の所得の特別控除
65の4	特定住宅地造成事業のために土地等を譲渡した場合の所得の特別控除
65の5	農地保有の合理化のために農地等を譲渡した場合の所得の特別控除
65の5の2	特定の長期所有土地等の所得の特別控除
65の7	特定の資産の買換えの場合の課税の特例

65の8	特定の資産の譲渡に伴い特別勘定を設けた場合の課税の特例
65の9	特定の資産を交換した場合の課税の特例

2　不適用事業年度（措法65の7①かっこ書き）

　清算中の法人については，この規定の適用が認められない。

関連条文 措法65の11, 65の12

23 大規模な住宅地等造成事業の施行区域内にある土地等の造成のための交換等の場合の課税の特例

01 概要

　法人の有する土地等につき大規模な宅地造成事業が施行されることにより取得した造成された宅地等につき圧縮記帳を認めるものである。

　この規定は，清算中の法人については適用が認められない。

　特別勘定の規定を受ける法人については，解散の日を含む事業年度及び被合併法人の合併（適格合併を除く）の日の前日を含む事業年度においても，適用がない。

> 造成事業施工者からの配付資料や説明会等で得られる情報を活用することが有用だと考えられる。税務官署との事前協議を行った結果を踏まえた上での情報であるだろうし，適用のための添付書類も同様に施工者を頼りに入手することになろうかと思われる。

02 適用要件等
（措法65の11①）

① 法人の有する土地等につき一定の要件を満たす大規模な宅地造成事業が施行されること ①

② 次のいずれかの取引を行ったこと

イ　その法人が，その土地等とその造成事業施行者の有するものとの交換をしたこと ①

ロ　その宅地を譲り受けることを約してその造成事業施行者にその土地等の譲渡をし，かつ，その譲渡の日を含む事業年度においてその宅地を譲り受けたこと ② ①

③ 交換取得資産につき，圧縮限度額以内で圧縮記帳経理をしたこと

① 土地又は土地の上に存する権利をいう（措法65の10①）。

② 一定の交換差金を取得し，又は支払った場合を含む。

123

03 対象資産の範囲等

❶ 交換譲渡資産等 (措法65の11①, 65の10①, 措通65の11-4)

交換譲渡資産等には，棚卸資産が含まれない。

譲渡，交換取引における実質的な贈与部分の金額もこの規定の適用がない。

❷ 交換取得資産 (措法65の11①)

交換取得資産は，その交換により取得した宅地又はその譲り受けた宅地をいい，次の条件を満たすものをいう。
・所定の要件を満たす造成事業の施行区域内において造成されたものであること。
・造成事業施工者の有するものを譲り受けたものであること。

❸ 交換の範囲 (措法65の11①, 措令39の9①)

交換には，交換差金の受払いがある場合も含まれるが，次に掲げるものは含まれない。
① 他の交換に係る規定の適用を受けたもの[3]
② 宅地造成に係る開発許可の申請書が都道府県知事に提出された日の属する年の1月1日前に行われた交換

❹ 譲渡の範囲 (措法65の11①, 措令39の9②, 措通65の11-4)

譲渡は，その宅地を譲り受けることを約してその造成事業施行者にその土地等の譲渡であることを要件とする。

ただし，次に掲げるものは『譲渡』に含まれない。

---

[3] 法法50条1項又は5項，措法65条の9, 65条の10

23 大規模な住宅地等造成事業の施行区域内にある土地等の造成のための交換等の場合の課税の特例

① 譲渡価額と時価との差額のうちに，実質的に贈与したと認められる金額部分
② 出資による譲渡
③ 他の交換に係る規定の適用を受けたもの
④ 宅地造成に係る開発許可の申請書が都道府県知事に提出された日の属する年の1月1日前に行われた交換
⑤ 収用換地等の規定による譲渡
⑥ 特定資産の買換えの規定による譲渡
⑦ 宅地造成に係る開発許可の申請書が都道府県知事に提出された日の属する年の1月1日前に行われた譲渡

④ その場合の土地等の帳簿価額のうちこの圧縮記帳の適用に係る部分の金額は，次の算式により計算した金額となる。

$$\text{譲渡した土地等の帳簿価額} \times \frac{\text{譲渡対価の額}}{\text{譲渡した土地等の譲渡の日における価額}}$$

⑤ 法法50条1項又は5項，措法65条の9，措法65条の10
⑥ 措法65条の2第1項
⑦ 措法65条の7第1項又は9項，65条の8第7項又は8項

5 対象となる造成事業 (措法65の11①各号)

次に掲げる第1号及び第3号又は第2号及び第3号に掲げる要件を満たすもの

(1) 1号

主として住宅建設の用に供する宅地を造成する目的で行われる事業で，その造成に係る一団の土地の面積が20ヘクタール以上であるものであること。

(2) 2号 (措法65の11①二，措令39の9③)

優良宅地開発促進法の認定を受けて行われる一団の宅地の造成に関する事業であること。

上記の事業は，宅地開発事業として行われる一団の宅地の造成に関する事業で，宅地開発事業計画及び次の(3)に規定する許可の内容に適合して行われると認められる事業に限られる。

(3) 3号

都市計画法の許可を受けて宅地の造成が行われるものであること。

⑧ その事業の施行地域内の土地の全部を住宅建設の用に供する目的で行う一団の宅地の造成に関する事業をいう。
公共施設及び公益的施設の敷地の用に供される部分の土地を除く (措通65の11-1)。
⑨ 優良宅地開発促進法3条1項
⑩ 優良宅地開発促進法4条1項7号
⑪ 優良宅地開発促進法3条1項又は2項
⑫ 都市計画法29条1項

⑬　都市計画法4条2項
⑭　都市計画法4条12項

＊都市計画区域内において行われる開発行為に係るものに限る。
⑬▰▰▰▰▰▰　⑭▰▰▰

6　造成事業施工者（措法65の11①，措令39の9⑥，都市計画法44）

都市計画法に規定する開発許可を受けた個人又は法人をいう。

その造成施行事業者について相続又は合併等による開発許可に基づく地位の承継があった場合のその承継した個人又は法人も適用対象となる。

7　大規模住宅地等造成事業の規模の判定（措通65の11-2）

上記**5**(1)の面積判定は，次による。

①　宅地造成事業がその造成事業施行者を異にして隣接する地域において施行される場合
→　その事業の施行者ごとに区分判定する。

②　その施工者が他の者から宅地の造成を請け負った土地について，自らの宅地造成事業と請負に係る工事とを一括して施行する場合
→　その施行者が取得した一団の土地の面積のみに基づいて判定する。

③　分譲を開始した後においてその事業の計画を変更し，その事業の施行地域を拡張した場合
→　その拡張した部分に係る事業は，その拡張前の計画に係る宅地造成事業とは別個の事業として，面積基準の判定を行う。

④　宅地造成事業の施行地域内に公共施設又は公益的施設を設置する場合
→　面積基準はその公共施設又は公益的施設の敷地の

用に供する部分の土地を含めたところで判定する。

【公共施設】（措通65の11―1）

道路，公園，広場，緑地，下水道その他の公共の用に供する施設をいう。

【公益的施設】（措通65の11-1）

教育施設，医療施設，官公庁施設，購買施設その他の施設で，居住者の共同の福祉又は利便のため必要なものをいう。

04 圧縮限度額
（措法65の11①②，措令39の9④⑤）

■ 交換差金等がない場合

$$\text{交換取得資産等の取得価額} - \left(\text{交換譲渡資産の譲渡直前の帳簿価額} + \text{譲渡経費}\right)$$

■ 交換差金等を取得した場合

$$\text{交換取得資産等の取得価額} - \left\{\text{譲渡した土地等の譲渡直前の帳簿価額} \times \frac{\text{交換取得資産等の取得価額}}{\text{交換取得資産等の取得価額} + \text{取得した交換差金の額}}\right.$$

$$\left. + \left(\text{譲渡経費} \times \frac{\text{交換取得資産等の取得価額}}{\text{交換取得資産等の取得価額} + \text{取得した交換差金の額}}\right)\right\}$$

> 交換差金部分を排除して，譲渡益相当額を算出している。

■ 土地等の譲渡に係る対価の額が譲り受けた宅地の取得価額を超える場合

$$\text{交換取得資産等の取得価額} - \left\{\text{譲渡した土地等の譲渡直前の帳簿価額} - \text{譲渡した土地等の譲渡直前の帳簿価額}\right.$$

> 譲渡対価のうち取得資産に充てた部分の譲渡益相当額を算出している。

$$\times \frac{\text{土地等の譲渡に係る対価の額} - \text{交換取得資産等の取得価額}}{\text{土地等の譲渡に係る対価の額}}$$

$$+ \left(\text{譲渡経費} \times \frac{\text{交換取得資産等の取得価額}}{\text{土地等の譲渡に係る対価の額}} \right) \Bigg\}$$

4 交換差金を支出した場合

$$\text{交換取得資産等の取得価額} - \left(\text{譲渡した土地等の譲渡直前の帳簿価額} + \text{支出した交換差金の額} + \text{譲渡経費} \right)$$

5 譲り受けた宅地の取得価額が土地等の譲渡に係る対価の額を超える場合

$$\text{交換取得資産等の取得価額} - \left\{ \left(\text{譲渡した土地等の譲渡直前の帳簿価額} \right) + \left(\text{交換取得資産等の取得価額} - \text{土地等の譲渡に係る対価の額} \right) + \text{譲渡経費} \right\}$$

05 経理方法
(措法65の11①)

直接減額方式

確定決算での積立金方式

決算期までの剰余金処分積立方式

06 譲渡年度後の圧縮記帳

　譲渡年度に買換資産の取得がされない場合は，特別勘定経理による損金算入が可能である（措法65の12①）。その後一定期間内に買換資産を取得することにより特別勘定を取り崩したうえでの圧縮記帳が可能となる（措法65の12⑧⑩）。

23 大規模な住宅地等造成事業の施行区域内にある土地等の造成のための交換等の場合の課税の特例

❶ 特別勘定経理の損金算入要件 (措法65の12①)

① 法人が宅地を譲り受けることを約して造成事業施行者に土地等の譲渡をしたこと
② その宅地の造成に要する期間が1年を超えることその他のやむを得ない事情により，その譲渡をした日を含む事業年度終了の日までにその宅地を譲り受けることが困難であること
③ 取得認定期間内にその宅地を譲り受ける見込みであることにつき所轄税務署長の承認を受けたこと⑮
④ 圧縮予定限度額内で特別勘定経理をしたこと

❷ 特別勘定の繰入限度額 (措法65の12①)

取得宅地の取得 _ 譲渡土地等の譲渡
 価額の見積額　　直前の帳簿価額

07 組織再編があった場合
(措法65の11④⑥, 65の12③④⑨)

適格分割等により期中にこの規定の交換等により取得資産を分割承継法人等に移転させるときは，期中損金算入の規定の適用により直接減額方式による圧縮記帳が可能となる。

適格分割等の日以後2月以内に所定の事項を記載した書類を所轄税務署長に提出しなければならない。⑯

期中特別勘定についても同様に損金算入が可能となる。

08 手続規定
(措法65の11③, 65の12⑮, 65の7⑤⑥, 措規22の9①)

以下の全ての要件を満たすこと。宥恕規定も設けられている。

① 確定申告書等に損金算入に関する申告の記載があ

---

⑮ その譲渡をした日を含む事業年度終了の日の翌日から納税地の所轄税務署長が認定(※)する日までの期間

(※) 認定を受けるためには，『大規模な住宅地等造成事業の施行区域内にある土地等の造成のための譲渡に伴う期中特別勘定の設定期間延長承認申請書』の提出を要する。
(提出期限)
その譲渡した事業年度終了の日の翌日から2月以内
(措例39の9第7項)

⑯ 適格分割等による大規模な住宅地等造成事業の施行区域内にある土地等の造成のための交換等又は譲渡の場合における交換取得資産の帳簿価額の減額又は設定した期中特別勘定に関する届出書及び提出書類の届出書

ること
② 損金算入額の計算に関する明細書の添付があること⑰
③ 一定の書類の添付（措規22の9①）
イ　登記事項証明書等
　　交換等により取得した宅地等に関する登記事項証明書その他その交換取得宅地等を取得した旨を証する書類
ロ　その一団の宅地の造成に関する事業に係る開発許可通知書の写し⑱
ハ　その土地等買取りをする者から交付を受けた申請書の写し，開発区域内に所在するものである旨を証する書類又は交換取得宅地等の価額を証する書類等の一定の書類

⑰ 別表十三（七）大規模な住宅地等造成事業の施行区域内にある土地等の造成のための交換等に伴い取得した宅地の圧縮額等の損金算入に関する明細書

⑱ 都市計画法35条1項の規定による許可に係る同条2項の通知の文書をいう。

09 重複適用の排除等

■ 次に掲げる規定との重複適用が排除されている。

(1) 政令によるもの（措令39の9①②）。

法法50①⑤	交換により取得した資産の課税の特例
措法65の2①	収用換地等の場合の所得の特別控除
措法65の7①⑨ 65の8⑦⑧	特定の資産の買換えの場合の課税の特例
措法65の9	特定の資産を交換した場合の課税の特例
措法65の10	特定の交換分合により土地等を取得した場合の課税の特例

23 大規模な住宅地等造成事業の施行区域内にある土地等の造成のための交換等の場合の課税の特例

(2) 租税特別措置法によるもの（措法65の11⑧⑨，65の12⑭）

措法65の4	特定住宅地造成事業のために土地等を譲渡した場合の所得の特別控除
措法65の5の2	特定の長期所有土地等の所得の特別控除

❷ 1,500万円特別控除（措法65の4）との関係（措通65の11-5）

(1) 特約の有無

　この規定（圧縮記帳）の適用がある土地等の譲渡は，その宅地の造成に関する事業により造成された宅地を譲り受ける旨の特約のあるものに限られる。

　1,500万円特別控除の規定の適用がある土地等の譲渡[⑲]は，その特約のないものに限られるため，この規定（圧縮記帳）の適用はない。

[⑲] 措法65条の4第1項

(2) 2以上の土地等の交換又は譲渡についての判定

　上記❶(2)の重複適用排除規定は，法人が同一の宅地造成事業の用に供するために2以上の土地等の交換又は譲渡をした場合に適用がある。

　2以上の異なる宅地造成事業のために2以上の土地等の交換又は譲渡をした場合には，それぞれの宅地造成事業ごとに判定する。

❸ 不適用事業年度（措法65の7①かっこ書き，65の12①）

　清算中の法人については，適用が認められない。

　特別勘定の規定を受ける法人については，解散の日を含む事業年度及び被合併法人の合併（適格合併を除く）の日の前日を含む事業年度においても，適用がない。

関連条文 措法66

24 特定普通財産とその隣接する土地等の交換の場合の課税の特例

01 概　要

　国有財産特別措置法に規定する普通財産に隣接する土地等につき，その普通財産である一定の土地等と交換をした場合に圧縮記帳を認めるものである。本法交換（法50）と異なり，交換差額20％制限規定がない。

　ただし，清算中の法人については，適用が認められない。

> ⚠ 自社の隣地が相続税の物納により国有地となった場合で，国が財産の換価を円滑に進めるために，交換の申し出を受ける事由が該当する。

> ⚠ 逆に，隣地を取得する好機となることもある。隣地の所有者と物納の手続きに入る前に譲受けの交渉を行うことも視野に入れたい。

① 国有財産特別措置法9条2項

02 適用要件等
（措法66①）

① その法人の有する所有隣接土地等と特定普通財産との交換をしたこと
② その取得した特定普通財産（交換取得資産）につき，圧縮限度額の範囲内で圧縮記帳経理を行ったこと

03 対象資産の範囲等

■1 譲渡資産である所有隣接土地等 （措法66①）

次に掲げるものをいう。

① 特定普通財産に隣接する土地
② その特定普通財産の上に存する権利

(1) 棚卸資産の適用除外

棚卸資産には適用できない。

【棚卸資産に該当しないもの】（措通66-1注）

　不動産売買業を営む法人の有する土地で，次に掲げるものは棚卸資産に該当しない。

・その法人が具体的な使用計画に基づいて使用することを予定し相当の期間所有していることが明らかなもの

・その法人が使用し，若しくは他に貸し付けているもの ②

② 販売の目的で所有しているもので，一時的に使用し又は他に貸し付けているものは，適用がない。

(2) **遊休資産**（措通66-1）

　現に事業の用に供していない固定資産について交換をした場合にも適用の対象とすることができる。

(3) **隣接する土地**（措通66-2）

　隣接する土地には，立木その他独立して取引の対象となる土地の定着物は含まれない。

【隣接する土地に含まれるもの】

　その土地が宅地である場合で，次に掲げるもの

・庭木，石垣，庭園，庭園に附属する亭，庭内神し（祠）その他これらに類する附属設備

・その他これらに類するもののうち宅地と一体として交換がされるもの ③

③ 建物及びこれに附属する設備並びに構築物に該当するものは対象にならない。

(4) **特定普通財産の上に存する権利**（措通66-3）

　特定普通財産の上に存する権利とは，地上権，永小作権，地役権又は土地の賃借権をいう。

【含まれないもの】

　租鉱権，採石権等のように土地に附帯するものであっても土地そのものを利用することを目的としない権利

2　取得資産である特定普通財産（措法66①，措規22の9の2①）

　国が有する普通財産で次に掲げる土地等に該当すること ④

④ 国有財産特別措置法9条2項，国有財産法3条

とにつき，財務局長等により所定の証明がされたもの
① 建築物の敷地の用に供するための接道規定に適合しないこととなる土地等
② 財務局長等が著しく不整形と認める土地等
③ 建物又は構築物の所有を目的とする地上権又は賃借権の目的となっている土地等

3 交換の範囲
(1) 交換の対象にならないもの（措法66①，措令39の10①，措通66-5）
特定の資産を交換した場合の課税の特例の規定の適用を受ける交換はこの規定の適用を受けることができない。
(2) 交換に伴い特定普通財産とともに金銭以外の資産を取得した場合（措通66-4）
その交換に伴い特定普通財産とともに金銭以外の資産を取得したときは，その資産は交換差金に該当するものとして取り扱う。

04 圧縮限度額
（措法66①②，措令39の10②③）

1 交換差金等がない場合

$$交換取得資産の価額 - \left(交換譲渡資産の譲渡直前の帳簿価額 + 譲渡経費\right)$$

2 ともに清算金を取得した場合

$$交換取得資産の価額 - \left(交換譲渡資産の譲渡直前の帳簿価額 \times \frac{交換取得資産の価額}{交換取得資産の価額 + 取得した清算金の額} + 譲渡経費 \times \frac{交換取得資産の価額}{交換取得資産の価額 + 取得した清算金の額}\right)$$

---

⑤ 財務局長若しくは福岡財務支局長又は沖縄総合事務局の長をいう（措規22の9の2①）。
⑥ 建築基準法43条

⑦ 措法65条の9

! 取得した清算金部分を排除して，譲渡益相当額を算出している。

3 交換差金等を交付した場合

$$\text{交換取得資産の価額} = \begin{pmatrix} \text{交換譲渡資産の譲} \\ \text{渡直前の帳簿価額} \end{pmatrix} + \begin{pmatrix} \text{支出した清} \\ \text{算金の額} \end{pmatrix} + \begin{pmatrix} \text{譲渡} \\ \text{経費} \end{pmatrix}$$

4 譲渡経費 （措通66-7）

交換又は譲渡に要した経費の額には，次に掲げるものが含まれる。

- その交換等に当たり支出したその交換譲渡資産等に係る仲介手数料その他その交換等に要した経費の額
- 土地の交換等に関する契約の一環として，又はその交換等のためにその土地の上に存する建物等を取壊し等[8]したことにより生じた損失の額（発生する資材の処分価額を除く）
- その取壊し等に伴い借家人に対して支払った立退料の額

[8] 取壊し，除去，移転等をいう。

【未払金計上による調整措置】（措通66-9）

交換に要する経費の額の見積額について，その交換があった日を含む事業年度において未払金に計上することができる等の所定の調整措置が設けられている。

05 経理方法
（措法66①）

直接減額方式
確定決算での積立金方式
決算期までの剰余金処分積立方式

06 組織再編があった場合
（措法66④⑥）

適格分割等により交換取得資産を分割承継法人等に移転させるときは，期中損金算入の規定の適用により直接

⑨ 適格分割等による特定普通財産とその隣接する土地等の交換の場合における交換取得資産の帳簿価額の減額に関する届出書及び提出書類の届出書	減額方式による圧縮記帳が可能となる。 　適格分割等の日以後2月以内に所定の事項を記載した書類を所轄税務署長に提出しなければならない。⑨
	## 07 手続規定 （措法66③，65の7⑤⑥，措規22の9の2②） 　以下の全ての要件を満たすこと。宥恕規定も設けられている。 　① 確定申告書等に損金算入に関する申告の記載があること
⑩ 別表十三（九）特定普通財産とその隣接する土地等の交換に伴い取得した特定普通財産の圧縮額の損金算入に関する明細書	② 損金算入額の計算に関する明細書の添付があること⑩ 　③ 次に掲げる書類の添付があること 　　イ　交換取得資産に係る登記事項証明書 　　ロ　交換取得資産を取得した旨を証する書類の写し 　　ハ　交換契約書の写し 　　ニ　財務局長等の証明書
	## 08 重複適用の排除等 ### ■1 交換の対象にならないもの（措法66①，措令39の10①，措通66-5）
⑪ 措法65条の9	交換特例の規定の適用を受ける交換（再掲）⑪ ### ■2 不適用事業年度（措法65の7①かっこ書き） 　清算中の法人については，この規定の適用が認められない。

関連条文 措法66の2

25 平成21年及び平成22年に土地等の先行取得をした場合の課税の特例

01 概　要

平成21年，22年中に国内において取得した土地等について，その取得の日を含む事業年度終了の日後10年以内に譲渡した他の土地等に係る譲渡利益金額のうち一定額を限度として，圧縮記帳を認めるものである。取得時も譲渡時も所定の手続が必要となる。

ただし，清算中の法人については適用が認められない。

02 適用要件等
（措法66の2①）

① 先行取得土地等の取得

　法人が，指定期間内に，国内にある土地等の取得①　　　　　　　　　　　　　　　　　　　　　②
をすること

② その取得の日を含む事業年度の確定申告書の提出期限までに，先行取得土地等につき所定の届出書を納税地の所轄税務署長に提出したこと

③ その取得の日を含む事業年度終了の日後10年以内に，その法人の所有する他の土地等の譲渡をしたこと

④ その先行取得土地等につき，圧縮限度額の範囲内で圧縮記帳経理したこと

① 指定期間
　平成21年1月1日から平成22年12月31日までの期間をいう。
② 土地又は土地の上に存する権利をいう。

03 対象資産の範囲等

❶ 取得資産である先行取得土地等 (措法66の2①)
(1) 棚卸資産の適用除外

棚卸資産は除かれ,特例の対象とならない。

【棚卸資産に該当しないもの】(措通66の2(1)-6)

法人が従来固定資産として使用していた土地を譲渡するにあたり,その土地に集合住宅等を建築し,又はその土地の区画形質の変更等を行って分譲した場合は,棚卸資産の譲渡に該当しない。

ただし,その分譲にあたり,その土地について宅地造成を行った場合におけるその造成により付加された価値に対応する部分の譲渡については,棚卸資産の譲渡に該当し,この特例の適用はない。

(2) 土地の上に存する権利 (措通66の2(1)-5)

先行取得土地等に含まれる土地の上に存する権利とは,地上権,永小作権,地役権又は土地の賃借権をいい,対象資産となる。

【含まれないもの】

租鉱権,採石権等のように土地に附帯するものであっても土地そのものを利用することを目的としない権利は対象とならない。

❷ 先行取得土地等の取得の対象外取引 (措法66の2⑭,措令39の10の2④)

次に掲げる土地等の取得は,適用対象となる取得に含まれない。

① 特殊関係者からの取得
② 合併,分割,贈与,交換,出資若しくは適格現物

分配によるもの
③ 所有機移転外リース取引によるもの
④ 代物弁済による取得

3 低額譲受等 (措通66の2(1)-7)

次に掲げる場合で，贈与があったものと，認められる時は，それぞれに掲げるとおりに取り扱われる。

① 低額譲受の場合　譲渡価額による取得があったものとする。
② 高額譲受の場合　譲受資産の時価額により取得されたものとする。

4 譲渡の範囲 (措法66の2⑭二，措令39の10の2⑤)

(1) 借地権の設定行為

借地権の設定行為も譲渡に含まれる。

(2) 立退料に対する特例の適用 (措通66の2(2)-1)

土地所有者へ借地権の返還により支払を受けた立退料の金額のうち借地権の価額に相当する金額は，この特例の対象となる土地の上に存する権利の譲渡による対価として取り扱う。

(3) 譲渡に含まれないもの (措法66の2⑭二，措令39の10の2⑥)

① 他の特例の適用を受ける譲渡又は交換は，この特例の適用を受ける譲渡に含まれない（特例の詳細後述）
② 適格合併等による土地等の移転

③ 譲渡資産の帳簿価額を圧縮記帳の規定の適用がある部分とそれ以外の部分に区分する必要がある。次の算式による。

（算式）

譲渡資産の譲渡直前の帳簿価額 × 収受した譲渡対価の額 / 譲渡資産の譲渡時の価額

④ 『借地権の設定等により地価が著しく低下する場合の土地等の帳簿価額の一部損金算入』の規定（法令138①）に該当する場合とする。

⑤ 先行取得土地等が平成22年1月1日から同年12月31日までの間に取得をされたもののみである場合には，60%

先行取得土地等が，平成21年先行取得土地等と平成22年先行取得土地等とである場合には，80%（措通66の2(2)-3）

⑥ その法人の有する土地等で，先行取得土地等以外の土地等をいう。

04 圧縮限度額

1 限度額計算（措法66の2①）

所有する他の土地等の譲渡利益金額×80%
　　　　　　　　　　　　　　　　⑤

2 譲渡利益金額（措法66の2⑭三）

譲渡対価の額－（譲渡直前の帳簿価額＋譲渡経費の額）

【通算】（措法66の2①，措通66の2(2)-2）

譲渡の日を含む事業年度において他の土地等の譲渡が2以上ある場合には，その合計額となる。
　　　　　　　　　　　　　　　　⑥

他の土地等に係る譲渡利益金額を計算する場合において，その他の土地等のうちに譲渡利益金額のマイナスは，譲渡利益金額の合計額の計算上通算する。

05 経理方法
（措法66の2①）

直接減額方式
確定決算での積立金方式
決算期までの剰余金処分積立方式

06 組織再編があった場合
（措法66の2⑦⑨）

法人が，先行取得土地等の取得の日を含む事業年度終了の日後10年以内に，その法人の有する他の土地等の譲渡をし，かつ，その譲渡の日を含む事業年度において適格分割等によりその先行取得土地等を分割承継法人等に移転させるときは，期中損金算入の規定の適用により直接減額方式による圧縮記帳が可能となる。

適格分割等の日以後2月以内に所定の事項を記載した

25 平成21年及び平成22年に土地等の先行取得をした場合の課税の特例

書類を所轄税務署長に提出しなければならない。
⑦

07 手続規定

1 先行取得土地等の取得について（措法66の2①③，措規22の9の3①）

　先行取得土地等の取得について，その取得をした事業年度の確定申告書の提出期限までに，次に掲げる事項を記載した届出書を所轄税務署長に提出していることが要件となる。
⑧
　宥恕規定も設けられている。
　① この特例を受ける旨
　② 法人の名称，納税地
　③ 先行取得土地等の所在地，面積，取得価額，取得年月日
　④ その他参考となるべき事項

2 圧縮記帳の特例を受けようとする事業年度（措法66の2②③）

　以下の全ての要件を満たすこと。宥恕規定も設けられている。
　① 確定申告書等に損金算入に関する申告の記載があること
　② 損金算入額の計算に関する明細書の添付があること
⑨

⑦ 適格分割等による先行取得土地等の移転に関する届出書

⑧ 平成21年及び平成22年に土地等の先行取得をした場合の課税の特例の適用に関する届出書

⑨ 別表十三（十）平成21年及び平成22年に先行取得をした土地等の圧縮額の損金算入に関する明細書

08 重複適用の排除等

1 他の圧縮記帳の特例との重複規定の排除 (措法66の2⑤, ⑭二, 措令39の10の2⑥)

次に掲げる規定の適用を受ける譲渡又は交換は、この特例の適用を受ける譲渡に含まれないため、重複規定の適用が排除された結果となっている。

規定条文	特 例 名 称
法法50①⑤	交換により取得した資産の課税の特例
措法64①一〜四, 八, ②	収用等に伴い代替資産を取得した場合の課税の特例
措法65①一, 三〜六, ⑦〜⑨	換地処分等に伴い資産を取得した場合の課税の特例
措法65の5の2	特定の長期所有土地等の所得の特別控除
措法65の7	特定の資産の買換えの場合の課税の特例
措法65の8	特定の資産の譲渡に伴い特別勘定を設けた場合の課税の特例
措法65の11	大規模な住宅地等造成事業の施行区域内にある土地等の造成のための交換等の場合の課税の特例
措法65の12	大規模な住宅地等造成事業の施行区域内にある土地等の造成のための譲渡に伴い特別勘定を設けた場合の課税の特例
措法65の9	特定の資産を交換した場合の課税の特例
措法65の10	特定の交換分合により土地等を取得した場合の課税の特例
措法66	特定普通財産とその隣接する土地等の交換の場合の課税の特例

> ！ 譲渡益が多額でなければ、将来特定資産を買換えの場合の課税の特例（措法65の5の2, 1,000万円の所得控除）の適用を受けることも検討しておく方がよいと考えられる。

2 収用等をされた土地等についての適用除外 (措通66の2(1)-8)

譲渡をした土地等について次に掲げる規定の適用を受けることができる場合には、法人がこれらの規定の適用を受けないときにおいても、この特例の適用はない。

措置法	特 例 名 称
64	収用等に伴い代替資産を取得した場合の課税の特例
64の2	収用等に伴い特別勘定を設けた場合の課税の特例
65	換地処分等に伴い資産を取得した場合の課税の特例
65の2	収用換地等の場合の所得の特別控除

3 延払基準の不適用 (措通66の2(2)-4)

法人が、長期割賦販売等に該当する土地等の譲渡を行った場合⑩において、その土地等に係る譲渡利益金額を基礎として先行取得土地等につきこの特例の適用を受けるときは、その土地等については延払基準の規定を適用することはできない。

⑩ 法法63条

4 不適用事業年度 (措法65の7①かっこ書き)

清算中の法人については、この規定の適用が認められない。

関連条文 措法66の10

26 技術研究組合の所得の計算の特例

01 概　要

　技術研究組合が，試験研究用資産を取得又は製作するための費用を賦課され，その賦課金をもって実際に取得された試験研究用資産につき，圧縮記帳を認めるものである。

　ただし，青色申告法人に限られ，さらに，清算中の法人については，この規定の適用が認められない。

02 適用要件等
（措法66の10①）

① 　技術研究組合であること
② 　青色申告書を提出していること
③ 　平成27年3月31日までに試験研究用資産を取得又は製作するための費用を賦課されたこと
④ 　その賦課に基づき納付された金額の全部又は一部に相当する金額をもってその納付された事業年度において試験研究用資産を取得し，又は製作したこと
⑤ 　圧縮限度額の範囲内でその帳簿価額を損金経理により減額したこと

① 技術研究組合法に定める技術研究組合

03 対象資産である試験研究用資産

　この圧縮記帳の対象となるのは，**1**に掲げる資産のうち，**2**に掲げるものに該当するものである。

26 技術研究組合の所得の計算の特例

1 試験研究用資産 (措法66の10①)

試験研究用資産とは，試験研究の用に直接供する固定資産をいう。②

② 技術研究組合法3条1項1号，9条1項

> （措通66の10-2） 試験研究の用に直接供する固定資産とは，固定資産でこれを直接使用して試験研究を行うもの，専ら試験研究の用に供される研究所等の建物，その建物の敷地の用に供される土地等及びその建物に設備されるじゅう器・備品をいう。
> 事務所（研究所等の建物の一部分を事務所に充てている場合におけるその事務所を除く。）及び寄宿舎等の厚生施設等は，これに含まれない。

2 対象となる固定資産の範囲 (措令39の21，法令13二～七)

① 構築物（ドック，橋，岸壁，桟橋，軌道，貯水池，坑道，煙突その他土地に定着する土木設備又は工作物をいう），機械及び装置，船舶，航空機，車両及び運搬具及び工具，器具及び備品
② 鉱業権（租鉱権及び採石権その他土石を採掘し，又は採取する権利を含む）
③ 特許権，実用新案権，意匠権
④ 電気ガス供給施設利用権
⑤ 土地の上に存する権利

04 圧縮限度額
(措法66の10①)

① （試験研究用資産の取得価額）≦（納付された賦課金）となる場合

試験研究用資産の取得価額－1円

② （試験研究用資産の取得価額）＞（納付された賦課金）となる場合

145

$$試験研究用資産の取得価額 - \left(試験研究用資産の取得価額 - 納付された賦課金の額 \right)$$

05 経理方法
(措法66の10①)

帳簿価額を損金経理により減額する方法

06 賦課金の納付した事業年度後に試験研究用資産の取得をする場合 (措通66の10-1)

賦課金の納付事業年度に試験研究用資産を取得しなかった場合に仮受金処理による課税の繰延べが認められている。

その後取得した年度において，取得した試験研究用資産につき圧縮記帳が認められる。仮受金については，取り崩して益金の額に算入しなければならない。

(賦課金の仮受金処理要件)
① その取得できなかったことについて相当の事由があると認められる場合
② そのできないと認められる事由が消滅しその試験研究用資産を取得するために通常要すると認められる期間を経過するまでの期間であること

07 手続規定
(措法66の10②)

以下の全ての要件を満たすこと。宥恕規定は設けられていない。
① 確定申告書等に損金算入に関する申告の記載があること
② 損金算入額の計算に関する明細書の添付があること
③ 別表十三(十一)賦課金で取得した試験研究用資産の圧縮額の損金算入に関する明細書

08 規定の適用排除

　清算中の法人については，この規定の適用が認められない（措法66の10①）。

関連条文 措法67の4①

27 転廃業助成金等に係る課税の特例
～①減価補てん金の交付を受けた場合

01 概要
(措法67の4①)

　事業の整備その他の事業活動に関する制限について法令の制定等があり，事業の廃止又は転換をしなければならない法人が助成金等の交付を受けた場合に，従来から所有していた機械等に圧縮記帳を認めるものである。
　清算中の法人についても適用がある。

02 適用要件等
(措法67の4①，措令39の27①)

①　事業の整備その他の事業活動に関する制限につき，法令の制定等があったこと
②　そのことにより，その営む事業の廃止又は転換をしなければならないこと ①
③　転廃業助成金等（減価補てん金）の交付を受けたこと
④　圧縮限度額の範囲内で対象資産について圧縮記帳経理したこと

【法令の制定等】
・法令の制定
・条約その他の国際約束の締結
・国の施策に基づいて行われる国の行政機関による指導
・国（国の全額出資に係る法人を含む）からの資金的援助を受けてその業種に属する事業を営む者の

①　上記の条件を満たす者を，『廃止業者等』という。

相当数が参加して行うその事業に係る設備の廃棄その他これに類する行為

03 対象資産の範囲等

❶ 対象資産
廃止業者等が有する機械その他の減価償却資産のうち交付を受けた減価補てん金にかかるもの

❷ 転廃業助成金等 (措法67の4①，措令39の27②)
廃止業者等が受ける次に掲げるものをいう。
① 法令の規定に基づき国若しくは地方公共団体から交付される補助金その他これに準ずるものとして財務大臣が指定する補助金
② 残存事業者等の拠出した補償金として財務大臣が指定する補償金

❸ 残存事業者等 (措法67の4①)
その事業と同種の事業を営む者でその法令の制定等があつた後においても引き続きその事業を営むもの及びその者が構成する団体をいう。

❹ 減価補てん金 (措法67の4①，措令39の27③)
補助金等のうち，その交付の目的がその事業に係る機械その他の減価償却資産の減価をうめるための費用に充てるべきものとして財務大臣が指定するものをいう。

> ！近年，財務大臣が指定する補助金及び補償金は，し尿処理業，浄化槽清掃業あるいは特定の漁業に対するものが多い。告示される情報，所属する同業者組合等からの情報に注意を払いたい。

04 圧縮限度額
（措法67の4①）

1 限度額計算
転廃業助成金等の金額のうち減価補填金に相当する金額

2 備忘価額 （措令39の27⑪）
1円以上の備忘価額を付す必要がある。

3 取壊し等費用の除外 （措令39の27⑤）
これらの補助金等に係る機械その他の減価償却資産の取壊し等[２]をする場合には，次に掲げるものはその補助金等に含まれない。
① その補助金等の額のうちその取壊し等をした減価償却資産のその取壊し等の直前における帳簿価額
② その取壊し等に要する費用の額に相当する部分の金額

② 取壊し，除去又は譲渡をいう。

4 取壊し等に要する費用 （措通67の4-1）
上記の取壊し等に要する費用には，例えば，次に掲げるようなものが含まれる。
① 譲渡に要したあっせん手数料，謝礼
② 譲渡資産が建物である場合の借家人に対して支払った立退料
③ 譲渡資産の測量，所有権移転に伴う諸手続，運搬，修繕等の費用で譲渡資産を相手方に引き渡すために支出したもの

5 廃材等の処分価額の除却損失等からの控除 (措通67の4-2)

　転廃業助成金等に係る機械その他の減価償却資産の取壊し又は除去に伴い発生した廃材があるときは，その処分価額については，同項に規定する「取壊し等の直前における帳簿価額及びその取壊し等に要する費用の額」から控除することができる。

　転廃業助成金等に係る機械その他の減価償却資産を譲渡した場合におけるその譲渡価額のうち，取壊し等の直前における帳簿価額及びその取壊し等に要する費用の額の合計額に達するまでの金額についても，同様とする。

05 経理方法
（措法67の4①）

　帳簿価額を損金経理により減額する方法

06 手続規定
（措法67の4⑮⑯，措規22の17②）

　以下の全ての要件を満たすこと。宥恕規定も設けられている。

① 確定申告書等に損金算入に関する申告の記載があること

② 損金算入額の計算に関する明細書の添付があること[③]

③ 転廃業助成金等の交付をした者が発行したその交付に関する通知書等の書類の添付があること

③ 別表十三（十二）転廃業助成金等で取得した固定資産等の圧縮額等の損金算入に係る明細書

関連条文 措法67の4②

28 転廃業助成金等に係る課税の特例 ～②交付された助成金をもって固定資産を取得した場合

01 概　要

　事業の整備その他の事業活動に関する制限について法令の制定等があり，事業の廃止又は転換をしなければならない法人が助成金等の交付を受けた場合に，その助成金等を持って新たに取得した固定資産に圧縮記帳を認めるものである。

　清算中の法人についても適用がある。

　ただし，解散の日を含む事業年度及び被合併法人の合併（適格合併を除く）の日の前日を含む事業年度については，特別勘定の設定ができない。

02 適用要件等
（措法67の4②，措令39の27①）

①　事業の整備その他の事業活動に関する制限につき，法令の制定等があったこと

②　そのことにより，その営む事業の廃止又は転換をしなければならないこと ①

③　転廃業助成金等の交付を受けたこと

④　その転廃業助成金等をもって固定資産の取得又は改良をしたこと

⑤　圧縮限度額の範囲内でその固定資産について圧縮記帳経理したこと

【法令の制定等】

・法令の制定

① 上記の条件を満たす者を，『廃止業者等』という。

・条約その他の国際約束の締結
・国の施策に基づいて行われる国の行政機関による指導
・国（国の全額出資に係る法人を含む）からの資金的援助を受けてその業種に属する事業を営む者の相当数が参加して行うその事業に係る設備の廃棄その他これに類する行為

03 対象資産の範囲等

1 固定資産の取得 （措法67の4②）
① 含まれるもの
建設及び製作
② 含まれないもの
所有権移転外リース取引による取得

2 転廃業助成金等 （措法67の4①，措令39の27②）
廃止業者等が受ける次に掲げるものをいう。
① 法令の規定に基づき国若しくは地方公共団体から交付される補助金その他これに準ずるものとして財務大臣が指定する補助金
② 残存事業者等の拠出した補償金として財務大臣が指定する補償金

3 残存事業者等 （措法67の4①）
その事業と同種の事業を営む者でその法令の制定等があつた後においても引き続きその事業を営むもの及びその者が構成する団体をいう。

4　転廃業助成金（措法67の4②，措令39の27④）

上記2の金額のうち，その交付の目的が事業の廃止又は転換を助成するための費用に充てるべきものとして財務大臣が指定するもの

04 圧縮可能限度額

1　限度額計算（措法67の4②）

固定資産の取得等に充てた転廃業助成金の金額に相当する金額

2　備忘価額（措令39の27⑪）

1円以上の備忘価額を付す必要がある。

3　取壊し等費用の除外（措令39の27⑤）

これらの補助金等に係る機械その他の減価償却資産の取壊し等②をする場合には，次に掲げるものはその補助金等に含まれない。

① その補助金等の額のうちその取壊し等をした減価償却資産のその取壊し等の直前における帳簿価額
② その取壊し等に要する費用の額に相当する部分の金額

② 取壊し，除去又は譲渡をいう。

4　取壊し等に要する費用（措通67の4-1）

上記の取壊し等に要する費用には，例えば，次に掲げるようなものが含まれる。

① 譲渡に要したあっせん手数料，謝礼
② 譲渡資産が建物である場合の借家人に対して支払った立退料
③ 譲渡資産の測量，所有権移転に伴う諸手続，運

搬，修繕等の費用で譲渡資産を相手方に引き渡すために支出したもの

5 廃材等の処分価額の除却損失等からの控除 (措通67の4-2)

　転廃業助成金等に係る機械その他の減価償却資産の取壊し又は除去に伴い発生した廃材があるときは，その処分価額については，「取壊し等の直前における帳簿価額及びその取壊し等に要する費用の額」から控除することができる。

　転廃業助成金等に係る機械その他の減価償却資産を譲渡した場合におけるその譲渡価額のうち，取壊し等の直前における帳簿価額及びその取壊し等に要する費用の額の合計額に達するまでの金額についても，同様とする。

05 経理方法
(措法67の4②)

　直接減額方式
　確定決算での積立金方式
　決算期までの剰余金処分積立方式

06 特別勘定

　廃止業者等である法人が，転廃業助成金等の交付を受けた事業年度に固定資産を取得せず，指定期間内にその転廃業助成金等の額の全部又は一部に相当する金額をもつて固定資産の取得又は改良をする見込みであるである場合は，特別勘定による損金算入を認めている（措法67の4④）。

　指定期間内に転廃業助成金の金額で固定資産の取得又

は改良に充てようとするものの全部又は一部に相当する金額をもって固定資産の取得又は改良をした場合には、圧縮記帳が可能となる（措法67の4⑨）。

❶ 特別勘定経理方法（措法67の4④）

① 確定決算での設定
② 決算期までの剰余金処分積立方式

❷ 指定期間（措法67の4④）

(1) 原則

その交付を受けた日を含む事業年度終了の日の翌日からその交付を受けた日以後2年を経過する日までの期間

(2) 例外（措令39の27⑥）

工場等の建設に要する期間、その敷地の造成並びにその工場等の建設及び移転に要する期間等が通常2年を超えると認められる事情がある場合

→ 交付の日から3年を経過する日までの期間

③ 工場等とは、工場、事務所その他の建物、構築物又は機械及び装置をいう。

❸ 特別勘定繰入限度額（措法67の4④）

転廃業助成金の金額のうち固定資産の取得又は改良に充てようとするものの額

07 組織再編があった場合
（措法67の4③⑤⑰⑱）

適格分割等によりこの圧縮記帳の適用可能な固定資産を分割承継法人等に移転させるときは、期中損金算入の規定の適用により圧縮記帳が可能となる。

適格分割等の日以後2月以内に所定の事項を記載した書類を所轄税務署長に提出しなければならない。

期中特別勘定についても同様に損金算入が可能となる。

④ 適格分割等による転廃業助成金等により固定資産の取得等をした場合における固定資産の帳簿価額の減額又は取得等をする場合において設定をした期中特別勘定に関する届出書及び提出書類の届出書

156

08 手続規定
（措法67の4⑮⑯，措規22の17②）

以下の全ての要件を満たすこと。宥恕規定も設けられている。
① 確定申告書等に損金算入に関する申告の記載があること
② 損金算入額の計算に関する明細書の添付があること⑤
③ 転廃業助成金等の交付をした者が発行したその交付に関する通知書等の書類の添付があること

⑤ 別表十三（十二）転廃業助成金等で取得した固定資産等の圧縮額等の損金算入に係る明細書

09 重複適用の排除等

(1) 特別償却制度との重複適用排除
次の規定との重複適用が排除されている（措法67の4⑫）。⑥

⑥ 減価償却資産について政令で定める規定も同様に重複適用できない。

措置法	特例の名称
42の5	エネルギー環境負荷低減推進設備等を取得した場合の特別償却又は法人税額の特別控除
42の6	中小企業者等が機械等を取得した場合の特別償却又は法人税額の特別控除
42の9	沖縄の特定地域において工業用機械等を取得した場合の法人税額の特別控除
42の10	国際戦略特別区域において機械等を取得した場合の特別償却等又は法人税額の特別控除
42の11	国際戦略総合特別区域において機械等を取得した場合の特別償却又は法人税額の特別控除
42の12の2	国内の設備投資額が増加した場合の機械等の特別償却又は法人税額の特別控除

42の12の3	特定中小企業者等が経営改善設備を取得した場合の特別償却又は法人税額の特別控除
42の12の5	生産性向上設備等を取得した場合の特別償却又は法人税額の特別控除
43	特定設備等の特別償却
43の2	耐震基準適合建物等の特別償却
44	関西文化学術研究都市の文化学術研究地区における文化学術研究施設の特別償却
44の3	共同利用施設の特別償却
44の4	特定農産加工品生産設備等の特別償却
44の5	特定信頼性向上設備等の特別償却
45	特定地域における工業用機械等の特別償却
45の2	医療用機器等の特別償却
46の3	次世代育成支援対策に係る基準適合認定を受けた場合の建物等の割増償却
47	サービス付き高齢者向け賃貸住宅の割増償却
47の2	特定再開発建築物等の割増償却
48	倉庫用建物等の割増償却
52の3	準備金方式による特別償却

※震災関連のもの等は，記載していない。

(2) 不適用事業年度（措法67の4④）

解散の日を含む事業年度及び被合併法人の合併（適格合併を除く）の日の前日を含む事業年度については，特別勘定の設定ができない。

【執筆者紹介】
大熊　一弘（おおくま　かずひろ）
平成17年税理士登録。
平成19年租税訴訟補佐人制度，大学院研修課程修了。
平成22年大熊一弘税理士事務所開設。

【主要著書】
『法人税別表作成例150（平成25年申告用)』共著（税務経理協会）
『法人税別表作成全書200（平成26年申告用)』共著（税務経理協会）

著者との契約により検印省略

平成26年6月20日　初版発行

中小企業の税務における
「圧縮記帳」適用要件ガイド

著　者	大　熊　一　弘
発行者	大　坪　嘉　春
製版所	美研プリンティング株式会社
印刷所	税経印刷株式会社
製本所	牧製本印刷株式会社

発行所　東京都新宿区下落合2丁目5番13号　株式会社　税務経理協会
郵便番号　161-0033　振替 00190-2-187408　電話 (03)3953-3301(編集部)
FAX (03)3565-3391　　(03)3953-3325(営業部)
URL http://www.zeikei.co.jp／
乱丁・落丁の場合はお取替えいたします。

Ⓒ　大熊一弘　2014　　　　　　　　　　　　　Printed in Japan

本書の無断複写は著作権法上での例外を除き禁じられています。複写される場合は，そのつど事前に，(社)出版者著作権管理機構（電話03-3513-6969，FAX 03-3513-6979，e-mail：info@jcopy.or.jp）の許諾を得てください。

JCOPY ＜(社)出版者著作権管理機構 委託出版物＞

ISBN978-4-419-06042-8　C3032